조금 다른
인생을 위한
프로젝트

조금 다른
인생을 위한
프로젝트

백란현 지음

들어가는 글

도서관 때문이 아니라
도서관 덕분에

　교대 진학을 위해, 임용고시 합격을 위해 달려온 세월을 보상받듯 교사로 발령받으면 꿈을 이룬 것이라고 생각했다. 교실은 정돈되어 있을 것 같았고, 정장을 빼입은 나는 교탁에서 온화한 웃음을 띠며 아이들과 첫 대면을 하는 날을 꿈꿨다.

　2004년 3월 2일, 첫 출근부터 전교어린이회 회장 선거준비로 정신을 차리지 못했다. 요즘처럼 전자투표를 하는 시기도 아니었기에 기표소 설치부터 쉬운 일이 하나도 없었다. 1년을 보낸 후 2년 차에는 편안한 업무를 맡고 싶었다.

　문이 잠겨있는 도서관이 안성맞춤이었다. 다행히 희망대로 학교도서관 업무를 받았다. 학기 초부터 챙겨야 하는 선거보다는 문을 열지 않으면 할 일이 없었던 도서관이 마음에 든 것은 당연했다. 나중에 알았다. 전교어린이회 회장 선거는 난이도가 높지 않았다는 사실을.

도서관 리모델링을 진행할 때부터 동료들은 나에게 "일복이 많다."라고 말했다. 그 말을 듣는 것이 불편했다. 칭찬인지 아닌지 알 수 없었다. 일을 잘하는 교사가 일을 더 많이 맡아야 한다는 소리로 들렸다. 일을 꼼꼼히 챙겨서 마무리하는 모습을 보여주지 않을 경우 어려운 일을 주지 않았다. 리모델링을 했으니 나는 일을 잘하는 교사로 분류되었는지도 모른다. 임신 중에도 도서관 업무는 내 것이었을 정도다.

저 경력 교사에게 과하다 싶었던 도서관 업무로 인하여 교직의 방향을 자연스럽게 독서로 정하였다. 선배 선생님들이 교사로 살아가려면 한 가지 잘하는 것은 있어야 한다고 말했다. 동료들이 영어나 정보컴퓨터에 관심을 가질 때, 나는 업무 때문에 독서교육을 자연스럽게 배우고 익혔다.

도서관 일을 할 때마다 선배 선생님들이 고생 많다고 격려해 주었다. 격려를 먹고 살았지만, 점차 내가 나에게 격려하는 법을 배웠다. 도서관 행사를 마무리한다거나 도서선정위원회 회의를 끝낸 날에는 스스로를 위로하고 칭찬했다. 일을 처리할 때 빈틈없이 마무리하려고 애썼다. 도서관 행사에 지우개라도 나눠주는 일이 있다면 지우개에 행사명을 쓰고 "축하합니다."를 붙였다. 학생들, 학교도서관을 챙기며 업무에서 보람을 느꼈다.

독서교육 대신 학년부장 업무를 맡았던 시기에도 '김해의 책' 독서릴레이 신청서를 제출해서 전교생 책 읽기를 진행했다. 아이들을 위한 일이라면 네 공문, 내 공문을 가리지 않았다. 일복은 내가 만들었다. 가장 듣기 좋은 말은 '일복'이 되었다.

남들의 평가보다 내 업무에서의 만족도를 우선순위로 여겼다. 남의 칭찬은 중요하지 않았다. 어떤 일이든 나의 계획과 실천으로 학생들이 유의미한 하루를 보내면 그것으로 족했다.

교직 경력 18년 차. 그동안 도서관 및 독서교육 삶을 돌아보며 도서관 업무가 교사의 진로뿐만 아니라 가정의 자녀 교육관에도 영향을 끼쳤음을 고백한다. 나에게 도서관은 자녀교육에서 다른 교육 정보에 흔들림이 없도록 만들어 주었다. 세 자매를 낳고 키우며 독서 태교부터 시작했다. 오직 책이고, 오직 독서다. 내 아이들이 자라면서 책 읽기만 제대로 능력을 갖추면 못할 것이 없다고 믿었다. 오늘도 '독서 육아'를 이어가고 있다.

학교 엄마, 세 자매 엄마로서 아이들 책 읽기를 챙기면서 알게 된 점이 있었다. 정작 나는 책 읽기에 어느 정도 시간을 할애하고 있는 것인가. 나를 위한 독서는 챙기지 못했다는 사실이다. 교육을 위한 참고도서는 읽어보긴 했지만, 나의 성장을 위한 책 읽기가 필요했다.

코로나19로 인하여 온라인 책 읽기가 진행되어 3일에 1권씩 책을 읽었다. 100일간의 여정 덕분에 아이들의 책 읽기 여부에 연연치 않고 나부터 챙기며 책 읽는 삶을 살고 있다.

《하루 3줄 초등 글쓰기의 기적》을 읽다가 학생들에게 책 읽기만 강조하지 말고 글쓰기도 학급운영에 넣기로 했다. 아이들을 위해 글쓰기를 투입하였는데, 어렴풋이 품었던 '작가'의 꿈이 생각났다. 논술 없는 대학을 골라서 진학했던 내가 마흔이 넘어 글쓰기를 시작했다. 아이들과 함께 글을 썼다. 학급에 적용하기 위해 선택한 독서와 글쓰기가 내 삶에 들어왔다는 사실이 아직도 신기하다.

학교도서관-독서교육-독서 육아-독서 삶-글쓰기-책 쓰기까지 여정을 책에 담았다. 대단한 성공가도 아니고, 교사로서 독서교육 관련 표창을 받은 적도 없다. 코로나19 가운데서도 등교하는 아이들에게 독서의 경험과 글쓰기 습관을 길러주는 것을 목표로 삼고 매일 살아내고 있다.

오늘도 아이들에게 책을 읽어 주고 '5분 주제 글쓰기'를 하고 있다. 나와 1년을 보낸 학생들이 진급했을 때, 독서와 글쓰기 면에서 적극적으로 도전하면 좋겠다.

부모들도 꿈이 있어야 한다. 내가 작가의 꿈을 위해 글을 쓰면 딸들도 뭔가를 끼적인다. 아이들 앞에 작가의 꿈을 이루도록, 삶이 글이 되도록 매주 가르쳐 주신 이은대 작가님께 감사의 마음을 전한다.

들어가는 글
도서관 때문이 아니라 도서관 덕분에   4

제1장
도서관 운영 맡으실 분

신규교사의 절규	15
리모델링 공사의 시작	19
암탉이 나를 울리다	24
학교도서관을 생각하는 사람들의 모임(학생사모)과 그림책 소모임	29
학교도서관대회와 도서관 활용수업	34
도서관 운영 욕심이 생기다	41
좌충우돌 학부모 명예사서 운영	46
나 독서교육부장 해본 사람이야	52

제2장
책은 날개다

행복한 아침 독서 시간	*61*
얘들아, 작가 선생님 한번 만나 볼래	*67*
합격의 기쁜 소식을 전해요	*73*
함께 읽는다는 마음	*77*
학부모 상담 대신 책 수다	*83*
학급문고 두 번의 당첨	*88*
기초학력 수업과 다문화 수업도 책과 함께	*94*
북아트로 표현해요	*100*

제3장
아이와 함께하는 독서교육

임신과 육아의 반복	*109*
내 아이를 위한 책 읽기	*115*
엄마와 함께하는 독서시간	*121*

독서 육아 함께해요	*128*
공공도서관을 자녀들 서재처럼 사용하라	*133*
내 아이 독서 상 타게 한 경험	*139*
세 자매 읽은 책 목록은 블로그에	*145*
학년별 권장 도서목록은 없다	*151*

학급 독서교육, 차별화를 가져라

나부터 먼저 보여 주는 교육	*159*
오픈 카톡방을 열다	*165*
아이비 리 6가지 법칙	*170*
독서 마라톤 해볼래	*176*
소장도서가 학급문고로	*181*
읽어 준 책을 활용한 국어수업	*186*
온앤오프 독서시간	*195*
질문을 통해 함께 성장해요	*200*

제5장
교사와 독서는 뗄 수 없는 관계

알면 알수록 깊이 있는 그림책 세상	207
읽고 쓰는 삶의 시작	214
재미있으니까 같이 읽어요	220
교사의 성장은 모두의 성장	226
내가 독서교육 강의를? 김해독서교육지원단	231
직무연수는 영상으로 하는 독서	239
매일 책 읽기로 교사 리셋	244
독서교육 멈춰서는 안 된다	250

마치는 글	257
학년별 추천 도서 목록	263

도서관 운영 맡으실 분

신규교사의 절규

　발령받은 지 1년. 학교도서관 업무를 맡았다. 1년 동안 운영하는 걸 본 적이 없었다. 문을 잠궈 두기만 하면 되고, 가끔 먼지나 닦으면 될 일이다. 수업 많은 5학년에 도서관 업무를 신청했으니 양심 없단 소린 듣지 않을 터다. 책과 도서관에 관심은 없었다. 편안한 업무인데 신청자가 없어서 나한테 준 것인지, 신규가 맡아도 수월한 업무라서 배정한 것인지 알 수는 없었다. 신학기 적응기간 3월에는 도서관 업무로 바쁘진 않을 거라 예상이 되었다. 오롯이 반 학생들에게만 집중하고 싶었다.

　날벼락 맞았다. 한 달이 지난 후 도서관 리모델링을 하라는 공문을 받았다. 4월 11일부터 열흘간 연수도 참여해야 한다. 5,000만 원 예산도 내려왔다.

이제 학교에서 1년 살았다. 담임 업무도 서툴다. 4학년 담임하다가 5학년 담임이 되었다. 5학년 수업 준비만으로도 시간이 부족했다. 게다가 생활지도, 상담, 교실 청소 등 하루가 짧다.

선생님들 중에 누구 하나는 도서관 업무를 해야 한다. 그러나 왜 하필 나인지 이해되지 않았다. 내가 업무를 희망했다고 해서 신규 2년 차에게 5,000만 원을 집행하라니…. 업무를 준 교장, 교감선생님도, 앞에 도서관을 맡았던 선배에게도 서운했다.

창원으로 10일간 출퇴근하며 도서관 활성화 사업 연수를 들었다. 도서관 활성화의 중요성에 대해 강의해 주었지만 귀에 들어오지 않았다. 큰돈을 어떻게 써야 하는지에 대해 막막하기만 했다. 연수기간 동안 주워들은 것은 활성화 위원회를 꾸려야 했고, 도서관 탐방도 가야 되는 것이다. 할 일 투성이다.

학교에 가기 싫었다. 도움을 구할 선생님들을 찾아보았지만 마땅치 않았다. 다들 맡은 일로 바빴다. 업무담당자로 이름이 박힌 순간 내가 해야 한다.

아이들 가르치러 출근하는 것이 아니고 리모델링 책임자로 출근하는 것 같았다. 리모델링을 교사가 추진해야 하는지 이해할 수 없었다. 옆 반 효정쌤 앞에 투덜투덜하는 사이 시간은 잘도 흘렀다.

도서관 활성화 사업 마감기한이 다가오고 있었다. 창원 연수 다녀와서 바로 추진을 했어야 했는데, 시간이 촉박했다. 당장 시작해야 한다. 무엇을 어떻게 시작하지?

처음에는 어렵다. 교실 환경 꾸미는 일도 어려웠다. '국민서관'이라는 문구점에 가서 학급 환경물품을 고르는 일도 막막했다. 리모델링은 말할 필요도 없다. 일의 절차도 몰랐고, 어떻게 도서관을 꾸며야 할지 디자인도 정하기 어려웠다. 내가 맡은 이상 물러날 곳이 없었다. 갑작스러운 교통사고가 나서 몸이 아프지 않는 한 내가 해야 하는 일이었다. 불평불만으로 하루씩 채우고 나니 남는 것은 아무것도 없었다. 오히려 내 마음만 무거웠다. 교내 인사 결과 업무 신청에 쓰지 않았던 업무를 맡았어도 기꺼이 추진해야 한다. 하물며 스스로 희망한 학교도서관 업무를 하기 싫다고 팽개치지는 못할 터다.

도서관 리모델링을 맡고 투덜대며 시간을 허비하는 동안에는 아무도 나를 도와줄 수 없다는 걸 몇 달 후에 알게 되었다.

부정적인 생각은 도움이 되지 않는다. 교단에 서려고 4년간 공부했건만, 맡은 업무에 대한 부정적인 생각으로 출근하기 싫어하는 처지까지 되었다. 해결되는 것은 없었다. 오히려 지쳐갔다.

무슨 일이든 움직여야 변화가 시작된다. 가만히 있으면 아무도 도와주지 않는다. 움직여야 남들도 돕는다. 한 가지라도 진행해야 한다. 문제 앞에서 불평보다는 해결을 위해 하나씩 실행하는 태도를 배웠다.

신규 2년 차 교사로서 버거운 업무였지만, 입 다물고 하루에 조금이라도 진행하려고 마음을 먹자 방법도 보이기 시작했다.

2

리모델링 공사의 시작

책 자루를 집어 던졌다.

"권당 100원을 깎아? 안 한다. 안 해! 철수하자."

A서점 사장이 내 앞에서 소리를 질렀다.

손이 떨렸다. 눈물이 흘렀다. 아무것도 할 수 없었다. 소장도서 바코드 작업을 400원에 해줄 수 있냐는 말을 했을 뿐이다. 시간이 없다. 다른 서점을 찾아야 했다. B서점에 전화했다. 400원에 해줄 수 있다는 확답을 받았다. 사서를 학교로 보내줄 수 있냐고 물었더니 가능하다고 했다. B서점 사장에게 학교로 와달라고 부탁했다.

"김해의 많은 서점 제치고 마산에서 김해는 왜 들어왔어요?"

교장선생님은 굳은 얼굴 표정과 낮은 음성으로 한마디 던졌다. 업무 담당자로서 뭔가를 잘못한 것 같은데…. 행정실로 옮겨 책 구입, 라벨 처리에 대해 의논을 이어 나갔다.

기존 도서관 3층, 먼지 쌓인 책 중에서 절반은 1층으로 옮겼다. 반 아이들 도움이 컸다.

2층에 교실 두 칸을 연결하여 도서관으로 만들고 싶었다. 4층의 6학년 학생들도 1층보다 2층이 자주 방문하기 좋을 것이다. 2층 교실을 사용하는 원로교사의 반대로 위원회에서는 원하는 장소를 확보하지 못했다. 원로교사 설득에 실패한 교감선생님은 1층 끝에 있는 컴퓨터실과 1층 현관을 지나 첫 교실, 떨어져 있는 두 칸을 도서관으로 활용하라고 했다. 사서 없는 학교에 도서관마저 분리하다니… 나 역시 하늘 같은 원로교사를 설득할 방법은 없었다.

업체별 제안서를 받았다. 업체들은 도서관 리모델링 결과물로 두꺼운 포트폴리오 자료를 보여 주었다. 추진위원회에서 업체 선정을 위해 회의를 했다. 위원회 선생님들도 리모델링에 관해 알고 있는 것이 없었다. 행정실장은 견적이 가장 저렴한 업체로 선정하기를 원했다. 반대하는 사람 없이 저렴한 업체로 정했다. 행정실장은 견적서에 대한 견적도 받았다. 가장 저렴하다는 걸 증명해 보였다.

업체에서 준 샘플 사진과 먼저 공사를 완료한 학교도서관을 둘

러보며 도서관 디자인을 정했다. 주황색과 노란색을 사용하여 환하게 만들기 시작했다. 목 작업을 하는 날, 컴퓨터실에서 사용한 기존 게시판을 통째로 없애지 않았다. 나무 벽으로 게시판을 덮어 버렸다. 궁금한 점이나 요구 사항을 말하는 걸 어려워했다. 게시판을 떼고 작업을 해야 도서관이 넓을 텐데.

화이트보드로 의논한 칠판은 녹색으로 달렸다. 테디베어 몇 마리를 유리 장식 벽에 넣었다. 입구 게시판과 도서관 간판은 주황색, 도서관 안에는 노랑, 주황, 하늘로 칠했다. 수납장은 유광 갈색이었다.

"백쌤, 에어컨 설치 기사가 왔는데 어디에 설치해야 하노? 잠깐 내려와 봐라."

교감선생님은 3층 5학년 우리 반에서 수업하고 있는 나를 1층으로 불렀다. 아이들을 잠시 자습시킨 후 1층으로 내려갔다. 문 앞에 설치해 달란 말만 하고 3층 교실로 뛰어 올라갔다. 이후 다시 업체를 불러야 했다. 출장비도 다시 지출했다. 에어컨 작동 문제였는지, 강화 도어 문제였는지 모르겠다. 칠판 옆으로 에어컨을 이동했다. 수납장이 가려졌다. 붙박이장을 짜는 대신 에어컨 칸을 만들어 둘 걸.

5,000만 원 집행을 위한 회의록만 책 한 권이다. 교사로서 학

교에 적응도 하기 전에 예산 지출 방법부터 터득한 셈이다. 8월말, 학교도서관 리모델링이 끝났다.

엄두조차 나지 않던 공사가 결국 끝을 맺었다. 어떤 일이든 마찬가지겠지만, '끝'을 내고 나니까 여러 감정이 복합적으로 생겨났다. 정리해 보자면 이렇다.

첫째, 무슨 일이든 끝이 난다. 도무지 갈피를 잡을 수 없고, 눈앞이 캄캄할 정도의 막막한 일이라 하더라도 반드시 끝이 존재한다는 사실을 온몸으로 느꼈다. 덕분에 앞으로 비슷한 일이 또 생긴다면 일단 한번 부딪쳐 시작해 보겠다는 자신감이 생겼다.

둘째, 차근차근 하나씩 진행하는 것이 얼마나 중요한지 깨달았다. 전체만 보고 있으면 몽롱하다. 하나를 짚기 시작하면 손에 들어온다. 책상을 옮기고, 예산을 집행하고, 협조를 요청하고…. 나무에 집중하자 숲이 움직였다. 지금 쓰고 있는 책도 마찬가지다. '책 쓰기'는 어렵고 막막하지만, '한 꼭지' 쓰는 일은 가능했다. 한 걸음씩. 한 걸음씩. 나는 그렇게 살아가는 태도를 배웠다.

셋째, 두려움은 어떤 경우라도 도움이 되지 않는다는 사실을 확인했다. 큰일을 마주하면 사람이 작아진다. 위축된다. 한 걸음도 나아가지 못한다. 최선의 방법은 '시작'이다. 일단 시작하면 물길이 터진다. 생각하는 시간은 사람을 두렵게 만들지만, 실행하는 시간은 사람을 패기 있게 만든다. 인생도 다를 바 없다. 일단 시작한다. 부딪친다. 하나씩 풀어간다.

 학교도서관 공사를 진행한 덕분에 인생 공부 제대로 했다. 그 어려운 일을 해내고야 말았다.

3

암탉이 나를 울리다

나는 꼴찌다. 친구 진선이는 후보 1등으로 떨어졌다. 2000년 진주교대, 성적이 비슷한 나는 간신히 붙었다. 교대 입학은 농어촌 특별전형 덕분이다. 학번에서 특별전형 표시가 난다. 1로 시작하는 일반전형 친구들과 2로 시작하는 나.

교사생활은 꼴찌처럼 일하진 않겠다고 다짐했다. 교사인지, 리모델링 책임자인지 헷갈렸다. 리모델링을 하면서 담임으로 내 모습은 꼴찌다. 교사로서의 소명까진 아니더라도 학급 담임으로서 의무를 다해야 한다. 그러나 나 힘든 것만 생각했다. 아이들을 따뜻하게 보듬지 못했다. 학급운영 부분에서도 서툴렀다. 잘해 주지 못했으면서 책 정리만 시켰다.

나는 담임교사다. 우리 반 아이들에게 도서관을 먼저 선보이고 싶었다. 새 책도 우리 아이들이 먼저 펼치고, 새 책상도 우리 아이들이 전교생 중에서 제일 먼저 사용하게 했다. 전교생 도서관 사용 시간표가 완성되지도 않았지만, 우리 반 아이들부터 자주 도서관에 데리고 갔다.

아이들은 서가를 뱅글뱅글 돌기만 했다.
"선생님, 읽을 책이 없어요."
읽을 책이 없다니. 원래 있던 책 라벨 붙인 것 외에도 1,000만 원치 새 책을 샀건만. 서가를 훑었다. 무슨 책을 추천해야 할지 모르겠다. 《먼 나라 이웃나라》라는 책 한 권을 뽑아서 건넸다.

'독서교육 및 도서관 운영' 담당자 체면이 말이 아니다. 한 권만 읽어보자.
새 책 코너에 있던 《마당을 나온 암탉》을 꺼냈다. '사계절출판사'는 도서관 담당자들이 믿고 구입하는 곳이다. 몇 장만 읽어보고 반에 소개해 주려고 했었다. 책을 처음 읽은 날, 중간에 멈출 수 없을 만큼 내용에 빠져들었다.

잎싹은 난용종 암탉이다. 마당의 암탉처럼 알을 품고 싶어 했다. 폐계로 분류되어 닭장에서 나올 수 있었다. 잎싹은 청둥오리의 알을 품고 엄마가 되었다. 들판 생활을 시작했다. 적 족제비에게서 새끼 '초록머리'를 지키기 위해 강해져야만 했다. 잎싹과 초록머리는 족제비를 경계하기 위해 잘 곳을 매번 바꾸었다. 초록머리는 청둥오리 무리에 합류하여 엄마를 떠났다. 잎싹은 굶주린 족제비에게 자신을 맡긴다. 족제비 젖먹이 새끼가 마치 주인이 바닥에 던진 알처럼 느껴졌기 때문이다.

파수꾼이 된 초록머리 청둥오리가 엄마 암탉 잎싹의 머리 위를 잠시 돌다가 떠나는 장면에서 눈물이 핑돌았다. 혼자 남은 잎싹에게서 도서관 리모델링 일을 하던 나를 보았다. '내가 외로웠구나.' 늦게까지 학교에서 혼자 끙끙 댈 때에는 외롭다고 느끼지 못했다. 늦은 퇴근 길, 효정쌤을 만나 업무 때문에 투덜거렸던 이유가 외로움 때문이었다. 아무도 내 고생을 알아주지 않는다고 생각했다. 교장선생님은 A업체가 화를 내고 간 이후 내가 진행한 리모델링 결과물에 트집을 잡기 시작했다.

"알록달록 색깔이 도서관의 차분한 분위기를 망치고 있습니다. 붙박이 수납장 문 색깔도 마음에 안 들어. 책장, 책상은 철제로 사 들이더니 어른들 키에 맞겠구만. 어디 것 샀어요? 나한테 결재 받은 거야?"

"퍼시스 겁니다. 결재 받았는데요."

"왜 미리 마음에 안 든다고 말씀 안 하셨어요?"라고 말이 터져 나올 뻔했다. "A업체랑 친구냐?"고 묻고 싶었다.

잎싹은 알을 품어서 병아리의 탄생을 보는 걸 이루었다. 초록머리를 떠나보내고 혼자 남았을 때, 날고 싶은 소망을 뒤늦게 깨닫는다. 신규 2년 차인데 벌써 교사로서 가졌던 목표를 잃은 건가? 꼴찌교사는 되지 않겠다고 했는데. 학교에 가기 싫어하니 이미 꼴찌다.

《마당을 나온 암탉》을 완독했다. 마지막 장면에서 잎싹이는 족제비의 먹이가 되었다.

"자, 나를 잡아먹어라. 그래서 네 아기들 배를 채워라."

이후 잎싹은 파란 하늘로 날갯짓하며 날아간다. 족제비가 암탉을 물고 가는 걸 내려다보는 장면까지 다 읽었다. 완독 책 1호. 새벽까지 읽었지만 피곤하지 않았다.

아이들에게 《마당을 나온 암탉》을 추천했다.

"선생님이 처음 읽은 동화책이야. 책 읽고 울었어."

"왜 울었어요?"

"암탉 잎싹이 청둥오리 초록머리를 구하기 위해 갓 태어난 족제비 애기 밟는 장면에서 눈물이 흐르더라."

5학년을 맡을 때마다 《마당을 나온 암탉》을 필독도서로 강조했다. 암탉이 나만 울리지 말고 우리 아이들도 울리길 바란다.

팔을 걷어붙이고 과정에 참여하는 사람은 드물다. 다 끝내 놓고 나면 트집 잡는 사람은 많다. 이런 일이 생길 때 우리는 어떻게 대응해야 하는 것일까?

먼저, 다른 사람의 반응보다는 내 자신의 마음가짐에 집중해야 한다. 완벽한 결과는 없다. 스스로 만족하는가, 스스로 감사한가. 자신의 마음이 당당해야 평가로부터 자유로울 수 있다.

다음으로, 본질을 잊지 말아야 한다. 도서관의 본질은 독서와 공부다. 새 책을 구입한 유일한 이유는, 학생과 교사가 다양하고 좋은 책을 읽을 수 있는 환경을 조성하기 위함이었다. 도서관 자체의 평가보다는 책 읽는 학교를 만드는 일에 열중해야 한다.

나는 교사다. 도서관 리모델링 공사 인부가 아니다. 내가 해야 할 일은 끝난 게 아니라 시작이었다. 새롭게 꾸민 환경에서 책 읽는 아이들과 교사가 많아지도록, 이제야 비로소 나의 역할을 제대로 해야 할 때다. 도서관 리모델링도, 도서관 운영도 모두 전교생들의 독서교육을 위한 일이다.

내가 하는 일이 교육에 직접적인 영향을 준다고 생각하니 번거롭게 느껴졌던 업무를 추진할 의지가 생겼다. 이제 시작이다.

학교도서관을 생각하는 사람들의 모임(학생사모)과 그림책 소모임

　그림책 소모임에 처음 참여했다. 단짝 효정쌤과 함께라서 어색하지 않았다. 매주 목요일 저녁 김해 외동초 도서관에서 한다. 도서관 운영 교사들이 여러 명 참석했다. 그림책과 도서관이라는 공통점 덕분에 대화가 잘 통했다. 사서 없는 우리 학교도서관을 어찌 운영해야 하나 고민스러웠는데, 그림책 소모임에 참석한 선생님들이 독서교육 행사와 도서관 운영 자료를 플로피 디스크에 넣어 주었다.

　《똑!똑!똑! 그림책》을 첫 교재로 정했다. 목차를 보고 발표할 분량을 나누었다. 자기가 맡은 쪽수를 요약하고 소개된 그림책도 챙겨 와야 한다. 이어서 공부할 교재로 《그림책의 이해 1, 2》로 정하였다. 앞의 교재가 그림책의 장르, 색깔, 구성 등 전반적인 특징에 대한 설명이라면, 새로 정한 교재는 시대별, 작가별 그림책에 대하여 집중할 수 있었다.

《돼지책》의 앤서니 브라운, 《지각대장 존》의 존 버닝햄을 알게 되었다. 나는 처음 들었지만, 선생님들은 세계적인 작가임을 알고 있었다. 《괴물들이 사는 나라》 모리스 샌닥, 《아모스와 보리스》 윌리엄 스타이그, 《파랑이와 노랑이》 레오 리오니 등 그림책 작가들의 특징을 분석하고, 작가별 그림책을 모아 그림의 공통점을 찾아보았다.

책 사는 걸 좋아하는 나는 모리스 샌닥의 책 중에 《Outside Over There》을 주문했었다. 요즘엔 《잃어버린 동생을 찾아서》로 번역되어 국내에서도 살 수 있는 책이다. 모리스 샌닥의 그림책을 모아 모임에 가져갔다.

"백쌤, 외서 구했네요. 우리나라엔 없는 책인데. 이번 주 책 빌려 주시면 다음 주 가져 올게요."

조의래 선생님은 외서를 펼쳐보더니 내 책을 빌려갔다. 빌려주고 싶지 않았는데…. 조의래 선생님 덕분에 내가 구입한 책이 귀한 줄 알게 되었다.

소모임 공부에서 함께 읽은 그림책은 소장하기 위해 구입했다. 배운 내용을 반 학생들에게 들려주었고 그림책도 읽어 주었다. 예윤이는 그림책을 집에 빌려가서 식구들에게 보여 주고 싶다고 했다. 다정이는 그림책의 그림을 따라 그렸고, 도율이는 그림책 제목을 알림장에 메모했다. 소모임에서 들은 내용을 그림책과 함께 전달했더니 아이들의 책을 보는 눈빛이 달라졌다. 우리 학교도서관에도 그림책을 더 구입하기로 했다.

김해, 창원 소모임이 한 곳에 모인다는 공지를 듣고 전체 모임에 갔다. 학교도서관을 생각하는 사람들의 모임(학생사모)이다. 땀샘 최진수 선생님은 '학급 글짓기 수업'에 대해 가르쳐 주었다.

겨울방학 때 선생님들과 함께 학교에서 하룻밤 묵으면서 우포늪 생태수업에 참여했다. 박종훈 교육위원이 도서관 모임에 관심을 가지고 들르기도 했다.

1월에는 문학기행을 갔다. 부산 해운대 '셜록홈즈의 집'이라 불리는 추리문학관에 가서 책도 구경하고, 차도 마셨다.

학교도서관을 생각하는 사람들의 모임
2005년 12월 28일

첫아이 임신을 확인하자마자 그림책 소모임에 나가지 않았다. 원룸에 그림책 둘 곳도 없지만, 아기가 태어나는 날에도 책 택배가 도착할 정도로 자주 주문했다.

첫째가 세 살이 되었을 때, 그림책 소모임을 이끌던 최경림 선생님이 인근 석봉초에서 모임을 꾸려서 운영하고 있었다. '아기가 태어나기 전에는 계속 모임에 갈 걸' 하며 후회하고 있었다. 가까워진 모임 장소 덕분에 합류했다.

《그림책의 그림읽기》를 교재 삼아 '그림책이란 무엇인가'를 알기 위해 처음부터 되돌아가 그림책 공부를 시작했다. 정충식 선생님은 그림책 그림을 해석해 주었고, 즉석에서 그림실력도 보여 주었다.

만나는 시간이 늘어날수록 소속 학교에서 있었던 일에 대해서도 이야기를 나누었다. 교실에서 책 읽고 해본 활동 중에 학생들 반응이 좋았던 독후활동 방법도 서로 알려주었다.

둘째 출산으로 인하여 모임에는 더 이상 나가지 못했다. 지속적으로 모여 공부하던 선생님들은 전국학교도서관담당교사 경남모임 《콩닥콩닥 신명 나는 책놀이》 등 공저 결과물을 만들어 냈다. 배가 아팠다.

학생사모와 그림책 공부를 통해서 교사란 매순간 배움을 놓치지 않아야 한다는 점을 알았다. 초임 시절 저녁시간을 할애하여 책 읽기와 수업 나눔을 하는 선배들을 만난 것은 행운이었다. 교직문화를 모르던 시기였는데, 아이들에게 한 가지라도 더 알려 주고자 근무시간 외에 공부하는 문화를 만난 것에 감사하다.

나의 상황에 따라 모임에 나갔다 말았다 할 것이 아니라, 끈기를 가지고 배우는 모임을 우선순위에 둘 때 유종의 미를 거둔다는 점 또한 깨달았다. 경남모임 선생님들의 지속적인 연구와 노력으로 공저가 나왔으나, 결과에 대한 부러움만 가졌지 그들이 교실 속에서 아이들이 책을 좋아하도록 어떤 방법으로 마중물 역할을 해왔는지는 알려고 하지 않았다. 끈기를 가진 노력이 쌓일 때 결과물이 나온다는 걸 나부터 명심하고자 한다.

열정적인 선배들과 공부했던 경험, 몇 년간의 현장 경험과 노력으로 공저 결과물을 낸 사실 자체가 나에게 모델링이 되었다. 때론 현실에 안주하여 직장인으로서 습관적으로 학교에 출근하기도 했고, 리모델링 때문에 학교에 가기 싫은 날도 있었다. 그래도 선배들의 선한 영향력이 나를 키우지 않았나 하는 생각을 해본다. 나도 선배가 되었다. 일일이 교사로서의 의무를 늘어놓지 않더라도 그저 나를 보여주고 아이들 곁을 지키며 한 시간 수업부터 차근차근 본보기가 되는 것이 교사의 모습이자 선배의 역할임을 곱씹어 본다.

5
학교도서관대회와 도서관 활용수업

"리모델링 고생해서 했는데 내년에도 계속 학교도서관 맡아라. 남 좋은 일 하지 말고."

"내가 하면 남이 더 좋아하겠지. 불똥 튀지 않으니까."

동료는 나를 위하는 건지, 남을 위하는 건지 애매한 말을 해댔다. 듣고 싶지 않았다.

리모델링이 끝나자마자 '학교도서관대회' 공문을 받았다. '이건 뭔 대회야?' 궁시렁거렸다. 리모델링 정산 공문과 독서행사 기획 등 서류로 머리가 복잡했다. '대회' 글자만 보고는 내 공문이 아니라고 지나칠 뻔했다.

"학교도서관 활성화 지원사업 선정학교는 학교도서관대회에 필수 참석할 것."

평일 수업까지 다른 선생님에게 맡기고 출장 오라고 할 정도면 주최자는 나를 실망시키면 안 된다.

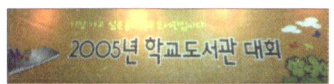

"가장 가고 싶은 곳! 학교도서관입니다."라고 적혀 있는 플래카드가 행사장을 도배했다.

우리 학교도 점심시간이면 아이들이 도서관에 몰려든다. 나도 밥을 먹은 후 도서관으로 뛰어간다. 아이들에게 학교도서관은 '머물고 싶은 곳'으로 내가 바꾸었으니까. 경상남도교육청 부스, 대구교육청 부스 등 교육청별 부스를 운영하고 있었다. 혼자 출장을 가게 되어 어색했던 것도 잠시, 꼼꼼히 부스별로 찾아다녔다. '선인장 호텔'이라고 제목을 크게 붙인 우드락에는 조사 보고서가 붙어 있었다. 《선인장 호텔》이 그림책인 줄 처음 알았다. 구입할 책은 바로 메모했다.

"학생의 독서 지수는 대구의 희망 지수."

"학교의 아침과 대구의 미래를 바꾸는 독서 운동 대구광역시교육청."

'운동'을 독서에 붙이는구나. 아침 독서 운동에 대한 사례를 전시해 두었다.

다른 부스에는 '독서 세계 지도'라는 이름을 걸고 세계 지도에 그림책 제목과 작가 이름이 붙어 있었다. 내가 알고 있는 책이 거의 없다. '강아지똥: 권정생(대한민국)'. 어디서 들어본 책이다. 구입할 리스트로 추가. '이야기 속으로'라는 제목으로 학생들이 《소가 된 게으름뱅이》 장면 표현을 해두었다. 색점토를 콩알처럼 만들어 그림 위에 붙였나 보다. 멀리서 보면 모자이크 같았다.

우드락을 지그재그로 붙인 후 '엄정초 독서달력'이란 이름으로 달력이 세워져 있었다. 지도하는 교사들의 아이디어가 돋보였다. '독서달력'이란 말도 처음 등장한 듯했다. 조치원 교동초등학교에서는 독서달력이라는 노란 폴더에 학생들의 독서달력 활동지를 철해서 전시해 두었다. 한 장씩 넘겨보니 날짜별로 읽은 책 제목이 아이들 필체로 적혀 있었고, 달력의 가운데에는 책에서 감동받은 장면을 크게 그려놓았다. 1학년 자료 치고는 수준이 있었다.

독서 광고, 책갈피, 장면 이어그리기, 독서신문 등의 독후활동이 전시되어 있었다. '책을 읽는 행복한 우리 집'이란 작품은 가족 독서 결과물을 우드락에 붙여 전시한 것이었다. 꾸미는 일이 쉽진 않았겠지만, 우드락 전시물을 만드는 순간만큼은 아이들이 책을 읽었겠구나 싶었다. 학생들의 독서계획을 기록하고 다짐하는 독서병풍도 눈에 들어왔다. 반 전체 내용을 모으면 상당히 긴 병풍이 되겠다고 생각했다.

경기도 고양교육청의 다양한 책갈피를 여러 장 사진 찍었다. 뱀 모양으로 만든 책갈피엔 '난! 여기까지 읽었다! 넌 어디까지니?'라는 문구가 적혀 있었다. 책갈피 사진을 아이들에게 보여 주면 우리 반 아이들 포함하여 전교생들도 독서대회가 가능할 것이다.

경기도교육청 부스에 가까이 갔다가 돌아서서 나왔다. 서울 부스에 갔다가 다시 경기도 부스를 찾아갔다가 학교도서관 장학자료를 들쳐보다 내려놓기를 반복했다. 학교도서관대회에서 처음으로 입을 열었다.
"선생님 저…학부모와 함께하는 행복한 학교도서관 자료 1권 주실 수 있나요?"
김해로 돌아가면 학부모 명예사서를 모집해야 했기 때문이다. 완성된 도서관을 언제까지 오후에만 열 순 없었다.
하루 동안 도서관 운영 자료뿐만 아니라 독서활동 방법도 배웠다. 무엇을 어떻게 우리 학교에 적용할지 생각하며 엑스코에서 나왔다.

도서관에서 발 빼려고 했는데. 출산휴가가 예상되는 다음해에도 도서관을 맡았다. 징징거리며 다녀온 대구 엑스코에서 앞서가는 학교도서관을 보았다. 담당자가 어떻게 도서관을 운영하느냐에 따라 전교생들에게 독서 기회를 줄 수도, 주지 않을 수도 있었다. 학생들을 위한 독서교육은 내가 어떻게 도서관 운영을 기획하느냐에 달려있다. 내 업무에 교육적 의미를 부여하니 일할 의욕이 생겨났다. 몇 달 전만 해도 공문 철 만하는 옆 반 선생님이 부러웠는데, 교육적 의미 없이 단순 노동을 하는 옆 반 선생님이 안쓰럽기까지 했다.

경기도교육청에서 얻은 《학부모와 함께하는 행복한 학교도서관》 자료를 읽고 명예사서 운영 계획을 세웠다. 학부모 명예사서 인원이 충족되어야 오전 시간에 도서관을 개방할 수 있다. 사서가 없는 학교의 현실이다. 나의 기획과 실천이 학교도서관 활성화에 영향을 준다. 나는 도서관장이다.

명예사서가 10명쯤 모집되었을 때, 모임을 가졌다. 요일별, 시간별 조를 나누어 도서관 문을 열고 대출과 반납하는 법을 알려주었다. 책 정리하는 법, 책의 청구기호 순서에 대해서도 알고 있는 선에서 상세히 전달했다. 학부모 명예사서에게 '선생님' 호칭으로 교사와 학생들이 부르기로 했다. 명예사서 책 대출 권수도 늘렸다.

오전에 도서관을 열자 학급단체로 책을 빌리러 오는 기회가 많아졌다. 사회수업에서 조사학습이 필요할 때 도서관에서 수업을 진행했다. 수업 중 필요한 자료를 바로 구할 수 있어서 다행이었다. 이것이 바로 '도서관 활용 수업'이다. 학교 수업에 필요한 자료를 학교 안 도서관에서 구할 수 있도록 도서관을 만들고 개방하는 것. 도서관을 방문하는 학생이 늘어났다. 도서관 정리 후 다른 선생님들보다 늦게 퇴근했다. 일에 몰두했다. 도서관 신문도 만들어 보고, 다대출자 통계도 내어보며 도서관에 푹 빠졌다.

도서관은 학생들에게 지식습득의 기회를 평등하게 제공하는 곳이다. 출근길에 '2005 학교도서관대회 경상남도교육청'이라고 되어 있는 검정색 낡은 가방에 그림책을 넣어 출근한다. 걸어 다니는 도서관이다.

'학교도서관대회'는 독서교육의 로드맵을 보여 주었다. 도서관 운영과 독서교육을 한 단계 올려야 하는데, 앞서서 해본 담당자가 없어서 난감했다. 김해에서 대구까지 거리를 감당한 것 이상으로 지혜를 얻었다. 몇 날 며칠 연수를 받아서 알게 될 업무 방법이 하루 다녀온 도서관대회에 응축되어 있었다.

의무참석이 도서관 운영의 동력이 되었다. 무엇부터 도서관 행사로 해볼지 생각하니 가슴이 콩닥거렸다. 의무는 기회였다. 앞서서 운영한 결과물을 전달받지 못한 것이 업무 추진하는 나에게 악조건인 줄 알았다. 반대였다. 내가 해보고 싶은 대로 도서관 운영과 독서교육을 진행해도 누가 뭐라고 할 사람이 없다. 우리 도서관 역사를 쓰는 일 같았다. 의무감에 해야 할 일에서도 한 가지 배울 점을 찾아보고 움직인다. 업무 '때문에'서 업무 '덕분에'로 고백해 본다. 도서관 덕분에 지금 이 글을 쓰고 있다.

6
도서관 운영 욕심이 생기다

학교방송 업무를 새로 배워야 했다. 수업 중 불려 나갔다. 마이크 설치와 음향기기 조절 때문이다. 백기사가 되었다. 마이크 소리, 방송 상태에 문제가 발생하면 선부터 바꿨다. 우리 학년 소속이자 연구부장 선배가 위로하며 밥을 사 주었다.

"란현아, 우리 학교에서 방송 업무 떼려면 임신해야 한다. 둘째 가질 때 됐제?"

둘째를 가진 후 방송 대신 맡은 업무는 환경교육이다. 출산 휴가 때 업무공백이 없도록 배려한 조치였다. 교실마다 고장 난 청소기를 한 곳에 모았다. 전화기 버튼 누르는 데 한참 망설였다. 업체에 청소기 수리를 의뢰했고, 각종 청소도구와 쓰레기봉투도 나눠주었다. 운동장 쓰레기는 모두 내 책임 같았다. 출산휴가 이후에는 아침에 출근하면 운동장 쓰레기부터 주웠다.

새 학기 업무 배정을 위해 교감선생님이 업무표를 나눠 주었다. 독서교육과 학교도서관 운영을 합쳐서 업무 명 '책 읽는 학교'다. 업무 희망서 안에 도서관 업무 3년의 경력을 적었다.

"교감선생님, 저는 2005년부터 2007년까지 3년간 사서교사 없는 학교도서관을 운영했습니다. 2005년 학교도서관 활성화 사업에 의거하여 5,000만 원 공사를 했습니다. 학교도서관 명예 사서교사 운영 경험도 2년 정도 됩니다. 제게 '책 읽는 학교' 업무 꼭 주세요!"

다행히 도서관과 같은 층에 1학년을 배정받아 동선이 짧아졌다. 학교도서관대회에 가고, 그림책 소모임할 때에는 학생들의 도서관 활용이 중심이었다면, 6년이 지나 맡은 학교도서관은 지역사회에 학교도서관을 개방하는 방향으로 바뀌었다.

"주민개방형 학교도서관 활성화 지원정책 학교도서관 연장 운영 후 학년말 결과보고서 제출 바람."

김해시청에서 '책 읽는 김해' 사업의 일환으로 학교도서관을 주민에게 개방하라고 예산을 지원해 줬다. '책 읽는 학교' 담당자인 내가 받은 돈만큼 일해야 하는 상황인 셈이다. 업무에서도 앞일을 예상할 수 없다.

월요일마다 연장 운영을 했다. 방문자 수가 많지 않아 2시간 연장 운영 후 7시에 도서관 문을 닫았다. 대외적인 행사를 자주 열었다. 주민개방형 독서행사를 해야 했기에, 가족 독서 퀴즈대회와 서거원 양궁 감독 초청 강연회를 기획했다. 학년별 독서 골든 벨 행사도 운영했다. 독서기록장을 채우면 제한된 인원 없이 교장선생님 직인 찍어서 독서 상을 수여하기도 했다. 아이들이 여러 행사 덕분에 책을 볼 수만 있다면 기꺼이 일을 하겠다며 덤볐다.

교장선생님이 작은 도서관을 만들라고 지시했다. 사서 선생님과 나는 책이 분실될까 봐 자바라라도 달자고 말했으나 교장선생님은 개방형 도서관으로 고집했다. 지원을 받았으니 개관식도 해야 되고, 보도용 기사도 작성했다. 신규 2년 차 때 리모델링을 해 보지 않았다면 점점 늘어나는 일을 감당할 수 있었을까. 그해 도서관에서 구입한 책은 약 3,000만 원 가량 되었다. 분기별 책 구입 회의를 열고, 책 정가를 일일이 검색했다.

1년 동안 도서관 운영을 해보니 '세계 책의 날'과 '독서의 달' 행사가 도서관을 북적거리게 만드는 중요한 기간이었다. 학생들에게 상품 뽑기의 기회를 주었다. 퀴즈 이벤트도 하고 선착순 선물도 주었다. 도서관에서 퍼즐도 맞추고, 반별로 대출 많은 학급에 초코파이나 떡 같은 간식도 보냈다. 리모델링은 기본이고 독서행사, 도서관 신간도서 구입, 독서 상까지 전교생에게 나눠주었다.

아이들이 책을 좋아하게만 할 수 있다면 어떤 방법이라도 동원하고 싶었다.
옮긴 학교에서도 독서교육 업무를 맡았다. 독서 상을 전교생 대상으로 다시 기획했다.

도서관 업무를 희망해 놓고 도서관 일을 불평하던 때가 있었다. 문만 잠그면 되던 업무로 기대하다가 도서관 활성화를 위해 리모델링부터 진행했던 날들이 떠오른다.
방송과 환경 업무를 경험한 후 다시 지원한 학교도서관. 교장선생님의 관심과 넉넉한 예산만큼 일은 쏟아졌다. 학교에서는 수업만 하기에도 바빴다. 그럼에도 도서관 업무를 매일 챙겼다.
신규시절과는 다르게 마음먹었다. 독서교육과 도서관 운영을 강조하면 할수록 아이들이 책에 관심을 가질 것이라는 마음. 내가 어떻게 운영하느냐에 따라 아이들에게 닿는 교육적 효과가 달라진다고 여겼다.

독서교육과 도서관 운영을 내가 맡았기 때문에 전교생은 독서왕 상장과 책을 가까이 하는 습관을 얻었다. 나는 업무기획력과 추진력을 얻었고, 앞으로 학급 운영의 방향을 책과 도서관으로 채우려는 확신을 얻었다.

'마음먹기'에 따라 얻는 열매가 다른가 보다.

7

좌충우돌 학부모 명예사서 운영

　사서교사 없이 학교도서관을 맡았다. 김해 합성초에서 3년, 월산초에서 1년간이다.

　김해 합성초. 학교도서관대회에 다녀온 후 학부모 명예사서를 본격적으로 모집, 위촉했다. 아침부터 문을 열어주는 학부모 덕분에 담임 업무에 집중할 수 있었다. 시급 하나 없이 오로지 자녀가 다니는 학교에 자신의 시간을 보탠다. 열 명의 명예사서가 오전과 오후 각 한 명씩 봉사했다. 급한 일이 생기면 회장이 요일을 바꿔주거나, 회장이 한 번 더 봉사하러 온다. 책임감이다. 명예사서 회장의 영향력에 감탄한다. 내가 회장이라면 내 시간을 내어 봉사할 수 있을까. 자신 없다.

　첫 학교에서 3년의 시간 동안 명예사서 학부모와 친해졌다. 회장은 생각했던 것보다 내가 대화를 잘 이어 나간다고 했다. 처음 만났을 때에는 부끄럼이 많아 보여서 걱정했다고 한다. 나보고 형님, 동서 사이로 지내고 싶다는 말도 했다. 도서관 봉사에 열정을 보이던 혜나 어머니는 혜나 동생이 한두 번 입은 옷도 나에게 물려줄 만큼 나와 학부모의 친분이 두터워졌다. 학부모 앞에서 말실수하지 않으려고 노력하면서도 같은 동네에 이웃으로 친분을 이어 갔다. 도서관 운영과 관련해서는 학부모의 피드백을 많이 들었다. 운영시간과 도서관 행사가 대표적이다.

새 회장으로 지현이 엄마를 뽑았다. 교원이나 웅진 전집 특성을 잘 알고 있었고, 책을 읽어 준 경험이 많았다. 지현이 엄마와는 몇 년 후 함께 커피를 마신 적도 있다.

다른 명예사서 유현이 엄마는 '사과와 나비' 독서기록 카페를 운영했다. 아이들에게 읽어 준 후 책에 대한 반응과 이후 독서계획을 사진과 함께 정리했다. 유현이는 과학에 관심이 많았고, 영재지원도 할 정도로 똑똑했다. 유현이 엄마 덕분에 독서 육아 기록을 시작했다. 유현이 엄마는 나의 블로그 운영 동기부여자다.

친분을 쌓는 것과 업무에서의 능력은 별개다. 학부모와의 소통은 경력이 많든 적든 쉽지 않은 일이지만, 무사히 명예사서의 도움으로 3년의 도서관 운영을 마무리하고 학교를 옮겼다.

월산초에서 경력 11년 차에 도서관을 맡았다. 신규시절 명예사서를 모집하여 운영을 한 경험이 있으니 도서관 업무는 훤했다.

총회에서 윤주 엄마가 명예사서 회장이 되었다. 베테랑 명예사서다. 작년에도 운영하였기에 엄마들이 믿고 따랐다. 난 한숨 돌리겠거니 생각했다.

도서관 운영에만 오롯이 집중했던 때와는 달리 1학년 부장과 독서교육 부장을 겸하고 있었다.

"선생님, 도서관 맡아보신 적 있으세요? 작년 선생님은 처음이라 하시더라고요."

당연히 3년 맡았다고 말했다. 반기는 눈치다. 오전에는 교실에서 1학년을 챙기고 있으므로 한층 위 도서관에 올라가기가 쉽지 않았다. 네이버 밴드를 활용하여 명예사서들과 업무 연락을 주고받았다.

명예사서 회장은 관리자인 내가 일 처리를 바로 바로 해줄 것을 원했다. 명예사서 회장의 지시(?)를 받으니 내가 회장의 명예사서가 된 것 같았다.

학부모에게 봉사를 부탁하며 운영해야 하는 사서 없는 도서관에서 지냈다. 같은 환경이었다. 내 마음은 신규 때랑 달랐을까? 학부모 명예사서의 봉사를 고맙게 생각했지만, 한편으로는 나를 위한 것이 아니라 학생들을 위해 봉사하러 오신 거라는 마음이 깔려 있었나 보다.

도서관을 지키는 분들에게 고마움을 표현해야 할 것 같았다.

명예사서 회장이 도서관 봉사 학부모 다독이는 일도 한계에 이르렀다고 하소연하기도 했고.

교장선생님께 작은 선물이라도 예산으로 준비하고 싶다고 말했다. 교장선생님은 독서교육을 1번으로 생각했다. 예산 사용을 허락해 주었다. 학기마다 한 사람당 1만 원의 예산이 생겼다. 인터넷 쇼핑몰에서 우연히 컵을 발견했다. 스마일 모양이 앙증맞았다. 1학기에는 맥주 컵, 2학기에는 소주 컵을 준비했다.

"선생님, 1학기도 2학기도 죄다 술잔이에요? 쌤, 술 좋아하세요?"

"작년엔 이런 이벤트 없었는데 챙겨줘서 고마워요. 선생님."

학부모 명예사서 선생님들의 수고에 고마움을 표현하고자 라벨도 붙였다.

"학부모 명예사서 선생님 감사합니다. 당신은 우리 도서관의 희망입니다."

월산초 도서관에서도 리모델링을 했다. 나무색 대신 노랑과 연두, 주황이 중심이 된 도서관으로 바뀌면서 아이들이 오고 싶어 하는 브라우징 코너도 만들었다. 겨울 방학 동안 리모델링이 끝났다. 개학하기 전에 교실에 보관한 소장도서를 도서관에 꽂아야 한다. 노끈에 묶인 책을 도서관 가운데로 옮겼다. 땅콩 모양 연두색 테이블이 아직 오지 않았기 때문에 책을 쌓아둘 수 있었다.

많이 지쳐 보이는 사서 회장은 책 정리 때문에 스트레스를 받았다. 어떻게 할 것인지 대책을 물어보기도 했다. 내가 조금 더 생각이 깊었다면 대체인력을 고용해서라도 책 정리의 어려움을 해결해 줬을 텐데, 회장은 몇 명의 학부모를 동원하며 일주일 동안 도서관에서 책을 정리했다.

책 정리가 마무리되면서 회장은 봉사를 그만두었고, 나도 셋째 임신으로 인하여 도서관 일을 그만두었다. 각자 말없이 도서관을 나와 버렸다.

두 곳 학교에서 사서 없는 학교도서관의 책 정리를 학부모 명예사서의 도움에만 의존했다. 명예사서들은 회장에게 의지했다. 내가 회장이었다면, 2년 동안이나 학교도서관 지키는 일을 우선순위로 여기고 살지 못했을지도 모른다. 도서 정리와 대출·반납, 청소 중심으로 이루어진 도우미 역할에서 명예사서들이 독서를 하고 이야기를 나눌 수 있는 여유와 공간을 마련해 주었다면 운영이 수월했을지도 모르겠다.

사서가 있는 학교도서관도 사서 혼자 책을 정리하기엔 역부족이다. 학생들 도우미를 활용하거나, 명예사서 도우미를 모집해야 매시간 반납된 책의 제 위치를 찾아줄 수 있다. 반 아이들과 주 1회 도서관을 방문한다. 책을 제자리에 꽂고 대출을 해주는 일의 양이 많아 보인다.

    일주일에 한 번 우리 반 아이들과 같이 방문하는 학교도서관. 사서 근처에 쌓인 책만큼 명예사서 회장에게 빚진 마음이 떠오른다.

8

나 독서교육부장 해본 사람이야

월산초에서 '도서관 활성화 정책연구학교' 보고회를 한다고 해서 참석했다. 교무실에서 나를 찾는다. 내가 평가위원인 줄도 몰랐다. 연구학교 보고회에서 독후활동 실적이 많았다. 독서교육이 눈에 보이는 것은 아니니 독후활동이 결과물로 나오는 것은 어쩌면 당연했다.

눈여겨 본 행사는 작가 초청 행사와 야간 도서관인 별초롱 도서관 운영이었다. 야간 도서관 운영은 교직원들이 모두 조를 짜서 날짜를 정하여 운영했다. 독후활동 자료도 준비해서 만들기 시간도 가졌다. 연구학교라서 선생님이 모두 참여한다 싶었다. 우리 학교는 나 혼자 야간 개방을 하기 때문에 자주 하진 못했다. 월산초는 모두 협력하여 밤에 도서관을 열었고 지역주민들이 방문했다. 지역주민들 대부분은 학부모다. 퇴근 후 아이와 함께 학교도서관에서 책 읽는 경험은 돈으로도 살 수 없을 것 같았다.

연구학교이고 도서관에 사서교사가 없어서 독서교육부장 제도가 있다는 설명도 들었다.

'독서교육부장, 다른 학교엔 없는데 월산초에 가야겠다.'

이듬해 월산초로 옮겼다. 도서관 업무를 지원했으나 떨어졌다. 독서교육 업무를 맡았다.

"백쌤, 내년에 독서교육부장 해봐. 관심도 많고 도서관 경험도 있잖아."

3학년 부장과 독서교육부장을 겸하고 있는 김수경 선생님이 나에게 의향을 물었다. 도서관은 어떻게든 일해 보겠는데, 학년부장 업무엔 자신이 없었다. 독서교육 업무에서 독서 상을 전교생에게 주고자 기획했다. 책 읽기 독려를 위해서다.

"백쌤, 이렇게 상을 난발하면 상의 가치가 떨어집니다."

경험이 경력이라고, '한 아이에겐 평생에 한 번 받는 상장'임을 교감선생님 앞에 강조했다.

"내년엔 상 줄입시다!"

5년째 되면 해볼까? 독서교육부장. 다른 학교엔 없는 보직이니 맡아보고 나가야 된다.

교감선생님이 나를 찾았다.

"백쌤, 내년에 연구부장 좀 맡아주세요. 원하는 학년과 시수 배정, 업무량 등 다 조절해 줄게요. 담임 업무도 없애 줄게요."

5년 만기로 나가는 연구부장은 일을 알려주고 나가려고 했다. 나에게 어서 연구부장을 수락하라고 했다.

"어른들한테 인정받고 있을 때 일을 배워봐. 그리고 인사는 교장이 시키면 하는 거다. 권한이다. 먼저 한다고 해."

연구부장 업무를 수락했다. 12월부터 인계를 받아야 한다.

"2학년 부장하면서 연구부장 해주면 안 될까? 과학부장은 학년부장도, 과학부장도 못하겠다고 하고. 백쌤이 수락해 주면 해결이 되겠는데."

"2학년 담임 구성이 어떻게 되나요? 연륜이 있으신가요?"

"내년 2학년도 현재 원로교사 그대로 가야 되겠어요. 백쌤이 수락해 주면 인사 좀 풀리겠는데."

연구부장을 1년만 하는 사람은 거의 없다. 둘째를 야간까지 어린이집에 맡기고 일이 몰아칠 때에는 밤 9시, 10시까지 일했다. 그러나 한 번도 교감선생님 앞에서 징징대지 않았다. 그리고 1년 뒤 연구부장을 거절했다. 다른 반 통지표는 확인하면서도 정작 우리 반 통지표는 종업식 당일에 만들어서 아이들 손에 쥐어 주었다.

일을 줄여 줄 테니 한 번 더 해달라는 교감선생님 말을 거절하고 독서교육부장을 지원했다.

페이스북에 교육연구부장, 독서교육부장 인사발령 통지서 사진을 올렸다. 창원 어느 교장선생님이 '좌천됐네요.'라고 댓글을 달았다. 그렇다. 참모그룹에서 좌천되었다. 그러나 연구부장을 해본 경험치 덕분에 도서관 일을 처리할 때 눈에 보이지 않는 파워가 있었다. 그 파워가 신뢰인 듯하다. 일 추진에 있어서 협조를 구하기 수월하다고 느꼈다. 3,000만 원짜리 도서관 리모델링 지원을 받아 일을 추진할 때에도 교감 발령 대기 중인 인성부장이 도서관 탐방에 함께 나설 정도로 도움을 받았다. 사서가 없던 학교도 사서 또는 사서 역할을 할 교직원으로 채워진다. 독서교육부장을 했던 곳도 담임교사 외의 교직원이 도서관을 지킨다는 소식을 들었다.

주석초 사서 선생님과 인연이 깊다. 내 아이들도 다니는 학교이고 나도 근무한 학교다.

"선생님, 요즘엔 도서관 운영 선생님이 없고, 사서 쌤들이 독립적으로 운영하고 예산 지출도 결재 올리네요? 많이 바뀐 것 같아요."

"사서협의회에서 우리가 먼저 도서관 지출 결재를 올릴 수 있게 해달라고 건의했어요. 도서관 담당 쌤한테 올려달라고 하면 결국 이중 일이잖아요."

사서 선생님 얘길 듣고 보니 더이상 나에게는 도서관 운영 기회는 없을 것 같다.

새 학교에 들어온 지 1년도 되지 않은 지금, 사서 선생님이 우리 교실에 들러 도서관 행사에 대한 의논을 나눌 만큼 사서 선생님과 나는 돈독해졌다. 도서관 좋아하는 마음을 알아챈 듯하다. 인사기록 카드가 증거다. 나는 '독서교육부장' 해본 사람이다.

연구기획　　　백란현

연구기획, 2학년 업무기획, 학교교육과정, 2학년 연구, 장학, 창의적 체험활동, 주5일 수업제, 검인정도서, 예술강사, 국제이해교육 과제중점학교 운영

도서관관리　　　백란현

독서교육기획, 1학년 업무기획, 도서관 운영, 학부모 도서 도우미 관리

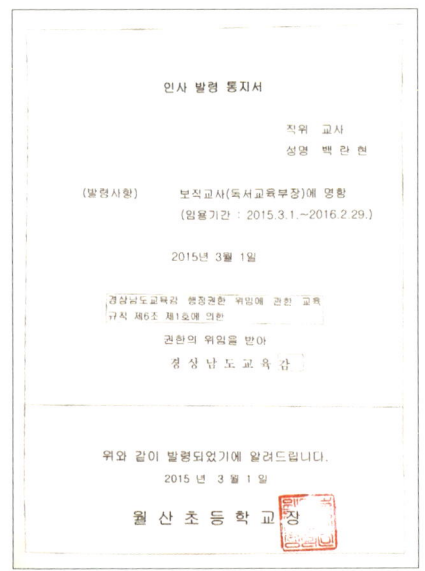

연구부장과 독서교육부장을 해보면서 두 가지 교훈을 얻었다. 도전하기, 거절하기이다.

첫째, 앞으로 삶에서 할까 말까 고민이 될 때에는 도전하려고 한다. 독서교육부장 추천을 해준 선생님이 있었지만 응하지 않았다. 독서교육부장보다 학년부장을 겸한다는 사실에 부담이 컸다. 그런데 다음해 학년부장을 겸하는 것은 기본이고, 독서교육부장보다 더 부담되는 학교 교육과정을 기획 운영하는 연구부장을 맡았다. 1년 후 먼저 하겠다고 나서며 독서교육부장을 맡았다. 학교 안에서 부장교사를 맡는 이야기이지만, 교사 일이 아니더라도 할까 말까 망설이는 일이 우리에게는 자주 있다. 성장할 수 있는 기회가 왔을 때 주저하고 포기했었다. 이제는 도전하려는 의지가 생겼다. 책 쓰기도 도전, 학급 문집 만들기도 도전한다.

둘째, 다른 사람의 부탁도 거절할 수 있어야 한다. 연구부장 업무 덕분에 학교 전체를 바라보는 눈을 가졌다. 교사의 시선이 넓어졌다. 우리 반만 보는 것이 아니라 학교 전체 교육과정 기획과 운영이 나의 손에서 나온다는 사실에 해내야 했다. 일 년의 경험은 값지다. 그리고 거절했기 때문에 후임 연구부장의 업무를 절반으로 줄일 수 있었다. 말 안 하고 묵묵히 수행한 이전 부장의 경험치를 따라가는데 부담이 컸다. 일 년 후 교감선생님께 말한 한마디가 내 삶을 대변한다고 말하고 싶다.

"교감선생님, 제가 그동안 한번이라도 연구부장 일 힘들다고 말한 적 있습니까? 오늘 처음 말씀드렸고, 내년에는 안 할 예정입니다."

이 글을 쓰면서 지나간 시간을 떠올린다. 시간은 흐르기 마련이고 어떠한 경험도 버릴 것은 없다.

책은 날개다

1
행복한 아침 독서 시간

아침독서 4대 원칙을 칠판에 붙였다. 모두 읽어요, 날마다 읽어요, 좋아하는 책을 읽어요, 그냥 읽기만 해요.

모두 읽어요.

8시 40분까지 등교하면 가방과 서랍을 정리한다. 8시 45분, 아침독서 시작을 알린다. 그리고 사제동행 책을 읽는다. 10분간이다. 처음 진행하면 10분이 길게 느껴지지만, 몇 주 운영하다 보면 짧다. 집중한 덕분에 읽은 쪽수는 누적된다. 독서시간 끝을 알렸을 때, 아이들은 긴장이 풀린 듯 숨을 내쉬었다. 독서시간이 끝났는데도 친구들 중에는 1교시 교과서도 꺼내지 않고 책 읽기에 푹 빠졌다.

암탉이 나를 울린 이후 독서를 시작했다. 책 한 권 완독했다고 해서 독서 습관을 가지게 된 것은 아니다. 아침독서를 시작하려고 하면 교내 메신저와 전화를 통해 급하게 업무연락이 오기도 한다. 아이들은 독서시간인데, 나는 읽으려고 준비한 책을 교탁에 올려둔 채 메신저 답장을 하고 있다. 하루 이틀 업무답장부터 처리하느라 내가 책을 읽지 않으니, 며칠 뒤엔 아이들도 어수선해진다. 출근하면 컴퓨터와 전화는 꺼진 상태로 책부터 잡았다.

날마다 읽어요.

스포츠클럽 프로그램이 생긴 이후 일주일에 한 번은 줄넘기 연습을 했다. 시간표에 1교시는 전부 국어과목을 넣었다. 줄넘기를 한 후에도 1교시 시작 전에 10분 동안 책을 읽었다. 매일 책 읽는 원칙을 지켰다. 어느 날 국어 시간에 책을 읽다 보니 20분이나 읽게 되었다. 국어시간에 책을 읽다 보니 쉬는 시간엔 국어 수업할까 봐 걱정하는 학생도 있었다. 국어교과서 대신 책 읽기로 국어시간을 채우고 싶다. 2015개정교육과정부터 도입된 독서단원은 내 소원을 이룬 셈이다.

좋아하는 책을 읽어요.

필독이나 권장 도서목록 대신 좋아하는 책을 읽는다. 가끔 만화책을 아침시간에 읽고 싶어 한다. 좋아하는 책이 만화책이라면 어떻게 해야 하나 고민이 되었다. 《초등 독서의 모든 것》의 심영면 저자는 "학습 만화도 만화입니다."라고 말했다. 뻥튀기에 비타민을 넣어도 뻥튀기인 것처럼, 학습 만화도 만화일 뿐이라는 내용을 읽었다. 반 학생들에게도 아침 시간엔 만화를 빼고 좋아하는 책을 읽도록 안내했다. 불만을 나타내는 아이들에게는 《초등 독서의 모든 것》의 해당 페이지를 보여 주었다.

<u>그냥 읽기만 해요.</u>

교사로서 받아들이기 쉽지 않았던 원칙이었다. 아이들에게 독서록을 쓰게 하고 싶었다. 아이들에게 "그냥 읽기만 하라."고 말했더니 독서시간을 반긴다.

"선생님, 책 읽히는 것은 좋은데 독서록도 쓰게 하면 안 될까요? 고학년인데 걱정되네요. 엄마 얘긴 듣지도 않고요."

독서록을 쓰게 안내해 달라는 이야기를 들을 때마다 '읽을 시간 확보'가 우선되도록 지도한다고 답변했다. 아침독서 4대 원칙이지만, 아침에만 국한하지 않고 학급 독서교육 원칙으로 확대하여 적용했다. 읽은 책 제목 메모하는 것 외에는 학생들에게 독후활동을 시키지 않았다.

코로나19로 인해 아침시간에 방역과 관련하여 할 일이 많다. 아이들은 현관으로 들어오면서 열 체크와 손 소독이 이루어져야 했기에 등교시간이 지연되기도 했다. 교실에 들어오면 책상을 소독티슈로 꼼꼼히 닦아야 했다. 9시에 1교시 수업이 시작된다. 10분 독서를 하려면 8시 50분엔 시작해야 한다. 방역 등교 절차를 거친 아이들은 책상에 그냥 앉아 멍하게 있었다.

코로나 기간에는 내 책을 아이들에게 빌려주는 것도 조심스러웠다. 개인 책을 가지고 다니라고 해도 실천하지 못하는 아이들이 존재한다. 멍하게 앉아 있는 아이들을 그냥 둘 수 없다. 변화가 필요했다. 아이들에게 책을 읽어 주기 시작했다.

학기 초에는 《슈퍼 토끼》, 《달라서 좋아요》 등 그림책을 읽어 주었다. 김리리 작가의 《만복이네 떡집》 시리즈도 읽어 주니 아이들 반응이 좋았다. 6월 5일, 김해 율산초에 출장을 가서 이현 동화작가 강의를 들었다. 6월 7일부터 7월 23일까지 《푸른 사자 와니니》 동화책을 우리 반 학생들에게 매일 조금씩 읽어 주었다. 나와 우리 반 학생들 모두 완독했다. 2학기 아침 독서 시간에는 장편 대신 단편 동화를 읽어 주었다. 점차 읽는 독서 시간을 늘렸다. 진아는 《푸른 사자 와니니》 두 번째 책을 읽어 달라고 한다. 동화책이 두껍다. 세렝게티 국립공원에서 사자 와니니 무리에게 일어나는 사건 묘사 문장이 길다. 3권까지 출간된 장편동화를 아이들은 어느 정도 이해했다. 읽어 주기의 힘이다.

아침 독서시간에서 가장 혜택을 본 사람은 바로 나다. 책을 읽어 주다가 잠시 멈추기도 하는데, 그 시간은 내가 순간 떠오르는 질문이나 느낌을 메모하기 위해서다. 멈춤 효과. 아이들이 한 명도 없는 교실처럼 조용하다. 그리고 다시 읽어 줄 때 아이들은 귀를 기울인다. 아이들에게 '차분함'을 선물로 주는 시간 같다. 전율을 느낀다. 아이들에게 고요한 교실을 매 순간 요구할 수 없지만, 아침 독서시간에 아이들은 고요하다. 차분하게 하루를 시작하니 학생들 간의 갈등도 줄어든다. 책 그리고 아이들에게 고맙다. 《아침 독서 10분이 기적을 만든다》처럼 우리 반에도 기적을 만들었다. "엄마, 아빠 책 사 주세요!"

모두 읽어요. 날마다 읽어요. 좋아하는 책을 읽어요. 그냥 읽기만 해요. 네 가지 아침 독서운동의 원칙 중에서 내가 한 가지만 뽑는다면 '날마다 읽어요'이다. 학급운영 습관으로 자리 잡았다. 짧은 시간이지만, 아이들은 들어서 좋고, 나는 읽어서 좋다. 읽어 준 책이 쌓일수록 다음에 읽어 줄 책을 고르느라 우리 집과 학교 도서관 책장을 훑는다. 아이들의 반응이 궁금해서 속도를 내어 읽어 주고 싶기도 하다.

독서, 글쓰기, 학습, 운동 등 일상에서 매일 도전하고 싶은 일이 있다. 학급 아이들이나 우리 집 막내에게 매일 책을 읽어 주며 낭독을 했다. 블로그에 100일간 교단일기를 썼고, 100일간 책 소개

글을 올렸다. 학급 학생들에게 매일 수학 학습지를 나누어 주고 채점해서 피드백 한다.

'매일의 힘'을 경험하고 실천하고 있다. 내가 하고 있는 매일의 습관에서 한 가지씩 추가해 본다. 교단 일지 외에도 나의 삶일지도 쓴다.

하루씩 쌓은 결과에 따라 셀프 선물을 한다. 쌓여가는 기록 덕분에 이벤트를 만들지 않아도 미소를 짓는다. 내 삶에 당당하다.

2
얘들아, 작가 선생님 한번 만나 볼래

작가와의 만남은 작가의 책을 읽을 수 있는 동력을 제공한다. 작가가 걸어온 길에 대해 이야기를 듣거나 책을 쓴 과정을 들으니 저서에 관심이 생겼다.

2011년 도서관 연수에서 이호백 작가의 강의를 들었다. 이호백 작가는 그림을 전공했다.

"어린 아이들에게 그림 공부란 예술의 분위기를 아는 것이 가장 중요합니다. 학습지 식의 그림은 가르치지 말았으면 합니다. 그림책을 많이 보면 그림 공부에 도움이 됩니다."

재미마주 출판사에서 인기를 누린 그림책 《도대체 그동안 무슨 일이 일어났을까?》는 2003년 뉴욕타임즈 선정 작이다. 컬러로 색칠된 그림은 토끼를 키우고 있었기에 평소에 그려둔 작품이었다. 이호백 작가는 그림책을 만들기로 한 후 토끼 그림을 그려둔 것이 생각났다. 지인에게 선물한 그림을 다시 받아오기도 했다고 한다. 그림과 그림 사이에는 스토리가 이어질 수 있도록 색을 칠하지 않은 그림을 넣어 그림책을 완성했다. 토끼가 한복 입은 장면에서는 원래 남자아이 한복을 입혔다가 어울리지 않는 것 같아 여자 돌쟁이 한복을 토끼에게 입혔다는 설명을 들었다. 내가 현장에서 《도대체 그동안 무슨 일이 일어났을까?》를 읽어 줄 땐 한복 이야기는 빼먹지 않고 아이들에게 들려준다. 내가 만난 작가를 아이들도 간접적으로 만나게 해주는 것이다.

같은 해 서거원 양궁감독을 학교로 초청했다. 학부모 대상 저자 강연이다. 서거원 감독의 올림픽 준비 과정과 금메달 결과를 들으며 리더십에 대해 공부하는 기회가 되었다. 저자 강연 후 《따뜻한 독종》을 읽었다. 강연 내용과 거의 일치했다.

76쪽에 '조직생활에서 갖춰야 할 세 가지 요소로 엄격한 도덕성, 신뢰감, 자신의 역할에 최선을 다하는 성실성'이라고 저자는 말했다. 96쪽 나를 발전시키는 시간관리 7계명에서는 '오늘의 할 일 목록 작성, 자투리 시간 활용, 상사의 명령에 무조건 예스라고 하지 마라, 불필요한 일로 취침시간을 버리지 마라, 나의 일정을 스스로 컨트롤하라, 고민하는 데 시간낭비하지 마라, 균형을 지켜라, 현실목표를 세워라'라고 조언한다. 서거원 감독을 직접 만나

강연을 들었기 때문에 책을 읽게 된 경우다.

2013년, 김희경 독서교육부장은 배유안, 김남중 동화 작가를 초청했다.

"배유안 작가님과 김남중 작가님이 우리 학교에 오십니다. 우리 반에서 참여하는 친구들에게는 선생님이 작가님들의 저서 중에 한 권씩 선물할게요. 부모님께 작가님 오시는 날만 학원을 빠져도 되는지 여쭤보고 참석 여부를 알려주세요."

배유안 작가 강의에는 찬혁이, 세진이, 혜지가 참여했다. 세 명의 아이들이 담임선생님에게 칭찬과 책 선물을 받는 걸 본 후 김남중 작가 강의에는 열다섯 명 학생들이 참여하였다. 아이들은 저자 사인도 받고 내가 사 준 책도 얻었다. 아이들은 그날을 잊지 못할 것이다.

2020년 코로나19로 인하여 외부강사가 학교에 오는 일이 거의 없었다. 3학년 김민자 선생님은 소중애 작가 초청을 계획하고 사단법인 고향의봄 기념사업회에 연락을 취했다. 그곳의 예술 여행 행사 덕분에 작가가 들려주는 동화 《짜증방》 강의를 3학년과 5학년이 함께 들을 수 있었다. 방송실에서 강의를 한 후 소중애 작가는 각반 교실을 직접 방문하여 학생들과 짧게 대면했다. 나는 급히 A4용지와 네임펜을 가져가 작가 사인을 받았고, 5학년 학생

수만큼 복사하여 나눠주었다. 《짜증방》을 모두 읽고 작가를 만났기 때문에 작가에게 궁금한 점을 물을 수 있었다.

"선생님, 짜증방에 나온 할머니랑 소중애 작가님이 많이 닮은 것 같아요."

아이들은 관찰력이 뛰어나다. 아이들의 성장에 좋은 거름이 되는 행사를 잘 마무리했다.

《푸른 사자 와니니》의 이현 작가는 이렇게 말했다.

"초등 독서교육의 목표는 플래티넘 고객을 만드는 것입니다. 책을 사는 고객으로 키우는 것이지요. 책을 사는 즐거움이 축적되면 어른이 되어서도 평생 독자의 길을 걸을 수 있습니다."

플래티넘 고객 이야기를 했을 때 웃음이 나왔다. 나는 현재 인터넷 서점마다 플래티넘 고객이기 때문이다. 등급을 유지하는 데 나의 세 자매가 큰 역할을 해주고 있다. 내 아이들도 평생 독자의 길을 가고 있구나.

2021년 '북수다 비룡소 여름자율연수'에 참여했다. 내가 읽었던 동화책과 그림책 작가를 줌에서나마 만날 수 있다는 생각에 4만 원의 참가비가 아깝지 않았다. 1학기에 우리 반 학생들에게 《만복이네 떡집》을 읽어 주었기 때문에 얼른 김리리 작가를 만난 후기를 아이들에게 들려주고 싶었다. 《일수의 탄생》 유은실 작가,

《공룡 엑스레이》 경혜원 작가도 만났다.

　김리리 작가는 《만복이네 떡집》 네 번째 책이 출간된다는 반가운 소식을 말했다. 어린이 독자들이 세 번째 책까지 남학생만 주인공이냐고 여학생도 주인공으로 나오게 해달란 요청을 받고 네 번째 《양순이네 떡집》을 썼다고 말해 주었다. 유은실 작가의 생일은 7월 6일이다. 7월 7일 생은 어떤 일생을 살게 될까 하는 쓸데없어 보이는 공상 덕분에 《일수의 탄생》을 쓰게 되었다고 한다. 경혜원 작가는 본인이 아파서 정형외과에 갔다가 공룡 지식책 작품 아이디어를 얻었다. 공룡이 엑스레이를 찍고 설명을 해주는 것처럼 구성하게 되었다고 한다. 이러한 책 탄생 스토리는 나뿐만 아니라 학생들에게도 간접적으로 작가를 만나게 해주는 것이다. 개학하자마자 작가들에게 들은 내용을 아이들에게 들려주었다.

　어른이 되어 처음 작가들을 만났다. 아이들을 위한 행사였지만, 작가를 눈앞에서 본다는 생각에 달력에 D데이를 표시하고 기다렸다. 작가를 만나고 이야기를 들으면서 책도 완독했다. 작가를 만난 스토리는 학급에서 나눈다.

　서거원 감독을 초청하자고 제안한 심영돈 교장선생님은 교사들이 업무를 할 때 작년과는 한 가지라도 다르게 개선해야 한다고 말했다. 이제껏 작가를 만날 수 있는지조차도 몰랐으나, 도서관 업무 덕분에 작가를 초청했으니 이전보다는 업무 수행에서 발전했다.

도서관 업무를 배우고 이끄는 과정에서 여러 명의 작가를 만났다. '작가'라는 직업에 대해 관심이 생겼다. 작가로 살고 있다. 일과 삶이 연결되는 듯하다. 나는 우리 반 아이들에게 작가로 불리고 있다. 그리고 아이들에게 '작가'의 꿈을 심어준다.

온라인에서 함께 책을 읽으면서 알게 된 최미진 선생님은 동화작가를 꿈꾸며 초고를 쓰고 있다. 나는 선생님에게 댓글을 달았다. "최미진 동화작가님 책으로 독서단원 수업하고 싶습니다."

학급 아이들에게 시집을 만들자고 제안했다. 작년까지 엄두도 못 낼 일이다. 선생님들도, 아이들도 작가의 꿈을 함께 꾼다. 업무로 시작한 일이 내 삶의 방향을 바꾸었다. 경험은 언제나 옳다.

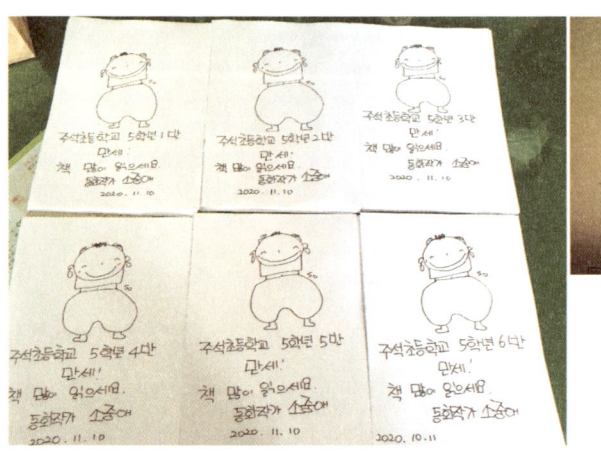 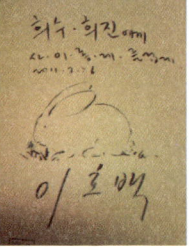

3

합격의 기쁜 소식을 전해요

찬혁이가 연세대, 고려대 물리학과에 합격했다.

찬혁이 어머니는 연세대 합격확인서와 고려대 입학허가 통지서 두 장의 사진을 내 카톡으로 보냈다. 찬혁이의 합격 소식을 나만 알고 있을 수 없었다. 바로 블로그에 포스팅을 했고, 어머니에게 링크를 전송했다.

"선생님 덕분에 독서 참 많이 했지요. 오래오래 건강하게 계속 열정 뿜뿜 파이팅!!!"

3월 2일 시업식 첫 날부터 엄포를 놓았다.

"나는 책을 강조합니다. 모두 읽게 만들 겁니다. 특히 고전을 많이 읽힐 거니까 각오하도록!"

3월 한 달 동안 《한국사 편지》 5권 시리즈를 학생들에게 완독하도록 명령(?)했다. 교실 뒤에 완독 스티커를 붙일 그래프도 마련했다. 학급의 방향을 책으로 정하고 아이들에게 안내하니 전학 온 찬혁이를 포함하여 표정이 굳어 있었다.

'담임'은 '책'이란 강한 인상을 심어 주려고 애썼다. 《초등 고전 읽기 혁명》에 푹 빠져 있었기 때문에 4, 5학년 수준 고전 목록을 교실에 비치했다. 큰딸이 초등학교 1학년이었지만, 딸의 활용도와 상관없이 학급 아이들이 읽도록 사비로 책을 샀다.

찬혁이는 과학을 좋아했다. 찬혁이에게 나의 고전읽기 강조는 인문 쪽의 교양을 다지기 좋은 기회였나 보다. '세상에서 단 하나뿐인 선생님'이라고 편지를 적어 주기도 했다. 중심지였던 코아상가를 지날 때면 찬혁이나 찬혁 어머니를 마주칠 때도 있었다.

"선생님이 5학년 때 책을 읽게 해주셔서 찬혁이가 성적을 잘 받아 옵니다."

찬혁이가 잘한 덕분이겠지만 나에게 고맙다고 해주었다. 좋은 소식을 들을 때면 다음 날 우리 반에 가서 간증(?)한다. 책 읽기의 효과에 대해서 말이다. 올해에도 독서교육을 1순위로 두고 학급 운영을 하고 있다.

첫 발령지에서 3년간 도서관 운영을 맡은 후 처음 학교를 이동했다. 새 학교에서 내가 열정적인 선생님으로 소문나길 바랐다. 이

전엔 도서관 활용에 목표를 두고 학교 일을 했다면, 학급 독서교육만 챙기면 되는 입장이라 5학년 5반인 우리 반 독서교육에 성과를 내고 싶었다.

학급문고 채우는 일에 반쯤 미쳐 있었다. 남편 몰래 홈쇼핑에서 《WHY》 시리즈 40권을 교실로 배송 받았다. 둘 곳이 없어서 두 칸짜리 공간 박스도 샀다. 사비로 사면서도 누가 보낸 선물을 받는 것처럼 배송날짜를 손꼽아 기다렸다. 또한 《지인지기 인물이야기》 전집을 교실에 꽂아 두었다. 아이들에게 하루 한 권 인물 전집을 읽도록 시켰다. 《어린이를 위한 배려》, 《어린이를 위한 나눔》 등 위즈덤 어린이 자기계발 동화 시리즈를 구입하여 교실에 두었다. 우리 반에는 역사박사로 통하는 준열이가 있었다. 준열이는 또래보다 한 살 일찍 입학했으나 똘똘했다. 준열이를 포함한 34명의 학생들에게 1년 내내 책 읽기를 강조했다. 준열이는 학년 독서 골든벨에서 2등을 했다.

중학교, 고등학교에서도 간간이 자신의 소식을 전해 주었다. 준열이는 16학번으로 진주교대에 입학했고, 2020년 졸업했다. 임용고시 합격 후 6개월간 나와 함께 교사 생활을 했다.

제자들을 보며 은사를 떠올린다. 5학년 때 김임식 담임선생님은 "교대를 가야지 사대를 갔느냐."고 하시며 아쉬워하셨다. 역사교육과를 휴학하고 다시 수능을 쳤다. 은사에게 두 번 합격의 소식을 전했다. 선생님 덕분에 선생님이 되었다. 18년째 아이들을 만난다. 내가 아이들에게 은사처럼 영향력을 발휘할 수 있을지는 알 수 없다. 아이들 인생에 은사 같은 '책'을 만날 수 있도록 길잡이를 해주고자 오늘도 책을 읽는다. 아이들이 원하는 목표에 합격한다면 행복해질 것이다. 만약 합격하지 못한다 하더라도 아이들은 현명해지리라 믿는다. 제자들 옆에 책이 함께 버티고 있다.

4
함께 읽는다는 마음

　나에게는 책을 사기만 하고 읽지 않는 단점이 있었다. 단점 때문에 읽지 않았던 책을 중고서점에 팔기도 했다. 그러나 팔 수 없는 책이 더 많았다. 도서관을 했던 경험 때문에 집에서도 십진 분류 라벨을 붙였다. 책 도장도 찍어 두고, 구입 날짜와 구입하게 된 계기를 적어 두기도 했다. 의미를 부여한 책은 팔 수 없었다. 가정에서 희수, 희진, 희윤이에게 읽어 준 책은 읽어 준 날짜와 반응을 책 면지에 적어 두기도 했다. 팔 수 없는 책이 되었다. 동서가 교원 전집 방문 교사로 일을 하기 시작하면서 500만 원치 책을 한꺼번에 집에 들였다. 책에 대한 욕심을 전집 구입으로 해결했다.

　절제 없이 책을 계속 사면서 여러 가지 사건이 있었다.
　"책 좀 그만 사. 아껴서 집살 생각은 안 하고 책만 사니 걱정이다, 걱정."

친정 엄마는 책 때문에 잔소리를 늘어 놓으셨다. 엄마는 식비와 생활비 아끼게 해주려고 쌀, 참기름, 채소, 애들 옷까지 바리바리 싸들고 우리 집에 오셨다. 책값에서 줄줄 세니 무겁게 가져온 정성이 무색해질 지경이다. 가계부 예산을 생각해 보지 않고 책을 구입하는 바람에 카드 값으로 고생했다. 대출로 채우는 악순환이 이루어졌다. 남편과 책값 때문에 다투는 일도 많았다.

"책 좀 그만 사. 카드 값 많이 나오는데. 푸름이식 교육을 하기 위한 건지, 책 욕심을 채우는 건지."

"내가 돈 벌어 책도 못 사? 당신이 좀 더 벌어오던가."

친정 이모가 김치냉장고를 선물해 준다고 했다. 김치냉장고 둘 공간이 없었다.

"이모, 집에 책이 많아서 김치냉장고 둘 곳이 없어요."

이모의 선물을 거절했다. 첫 조카인 내가 결혼할 때 뭐하나 해준 적 없어서 챙겨주려는 데 거절한다고 혼이 났다. 강제 책 정리에 들어갔다. 과감히 버렸다. 김치냉장고를 볼 때마다 이모에게 감사하는 마음 대신 버린 책이 생각났다. 버린 책 중에 다시 필요한 책은 알라딘 중고서점에 가서 구입했다.

그럼에도 불구하고 책을 구입하는 행위는 장점임을 알게 되었다. 사회 숙제를 급히 해결해야 할 때 우리 집이 큰딸의 모둠활동 장소가 되었다. 웅진, 교원출판사 등 사회 관련 전집이 집에 있었기 때문이다. 학교 수업을 준비할 때 도서관에서 발품을 팔아 책을 구할 수도 있으나, 내가 소장한 전집과 단행본 덕분에 수업 설계하기가 수월했다. 다른 나라의 생활 모습, 동물의 한살이 등 조사학습, 발표 수업에 나의 전집을 활용했다. 내 아이 책을 읽어 주며 아동도서에 관심을 가지게 되었고 그림책, 동화책을 집중해서 읽었다.

우리 반 은진이가 《갑자기 악어 아빠》를 분실했다. 담임인 나와 함께 도서관에 가서 한 시간 동안 책을 읽은 후 대출한 책이다. 찾아봐도 보이지 않는다. 은진이에게 더 찾아보고 없으면 새 책으로 사와야 한다고 알려주었다. 하루 종일 걱정하는 녀석이 안쓰럽다. 책 제목을 보니 재미있어 보였다.

"은진아, 내가 교실에 구입해 둘게. 교실 친구들 읽은 후 선생님 책을 도서관에 갖다 주렴. 그 사이 만약 분실 책을 찾으면 다행이고. 이번엔 그렇게 하자. 만약 다음에 분실 문제가 생기면 같은 책으로 구입해 오는 것 잘 기억해."

나와 분실 학생의 대화를 듣고 우리 반 친구 다민이는 재미있을 것 같아서 부모님에게 사 달라 했단다. 나도, 다민이도 책 택배를 기다린다. 나는 책을 받자마자 아침 독서 시간에 멍하게 있던 한 아이가 떠오른다. 새 책에 구입 날짜와 내 이름을 써서 민수 책상에 올려둔 후 퇴근한다. 우리 반 아이들은 분실한 책을 이번에만 선생님이 구입한 것을 모두 안다. 유명한 책이 자신의 책상에 올려둔 걸 발견했을 때 민수는 어떤 기분일까? 함께 읽는다는 마음 덕분에 책과 아이를 연결 지어보는 특기(?)를 가지게 되었다.

책을 사고 읽지 않는다는 점은 단점이지만, 책을 사는 자체의 장점에 집중하며 살아가고 있다. 책에 관심을 가지고 구입한 책을 세 딸들과 우리 반 아이들 그리고 동료들과 함께 읽는다. 소중한 사람이 우리 집을 방문하면, 다 읽지 않았지만 책을 구입했을 때 의미 부여했던 경험을 들려주며 책을 선물한다. 2010년 옆 반 학부모였고 현재는 같은 교회를 다니며 친해진 김혜영 집사가 우리 집에 잠시 왔을 때 《환갑엔 유튜브 잔치》, 《아픔 공부》를 선물했다. 창원에서 살고 있는 김수선 이웃은 홈트를 가르쳐 주러 가끔 방문한다. 책장을 유심히 보더니 책을 넘겨보았다. 《나를 지키며 사는 법》, 《나는 매일 치열하게 살아갑니다》 등 열 권을 챙겨갔다. 필요할 때 다시 달라고 말하라고 했다. 일주일 뒤 한 권을 내게 반납했다.

"란현이가 쓴 메모가 있네. 소중한 책인 듯해서 빨리 가져왔어."

몇 년 전만 해도 새 책을 빌려간 후 갖다 주지 않는 사람들에게 화가 났다. 나보다 더 좋은 집에 사는 것 같고 부자처럼 보이는

데 책값엔 투자하지 않았다. 집 구입 대신 소장한 나의 고유재산(?) 책을 막 대하는 기분이 들었기 때문이다. 책 구입에 대해 의미 부여를 달리하기 시작했다. 책을 사는 행위와 책 택배를 기다리고 박스를 여는 행위에서 행복을 느꼈다면, 이미 책이 나에게 역할을 잘해 준 것이다. 이러한 깨달음도 미니멀 라이프 관련 책을 통해 얻었다. 책과 관련해서는 미니멀 라이프와 맥시멀 라이프를 반복하면서 깨달았다. 책은 버리거나 팔면 나중에 꼭 필요한 시기가 온다는 것을.

내가 책을 사는 행위는 함께 읽는 준비이자 과정이며 나눔이다. 내가 읽는 습관이 잡히지 않았다는 걸 받아들인 후 아침 독서 시간과 국어시간 책 읽기는 아이들을 위한 시간이기도 하지만, 결국 내가 책 읽는 시간으로 사용하는 것임을. 아이들도 성장하고 나도 성장한다.

이 글을 쓰기 시작하면서 《작은 습관, 빵빵한 자존감》 에세이를 꺼내들었다. 사두기만 하고 한 번도 표지를 접지 않았다. 몇 장 읽으며 작가의 문체를 느껴본다. 책은 앞으로도 꾸준히 사지 않을까? 알라딘 서점에서 자주 메일이 온다.
"백란현 고객님의 알라딘 멤버십 플래티넘 등급의 유효기간이 연장되었습니다."

학생들과 함께 읽을 기회를 만들고, 선생님들이나 이웃과도 함께 읽을 시간을 만들고 있다. 책값 투자만큼 다 읽지 않았지만 책값을 아까워하거나 후회하는 마음은 줄이려 한다. 나도 함께 읽는다는 마음으로 오늘도 학생들에게 5분이라도 책을 읽어 준다. 읽어 준 책은 학급 칠판에 표지가 보이게 걸쳐둔다. 세상에 완벽한 사람은 없다. 출근할 때에도 한두 벌 옷을 교복처럼 입고 다니지만 부끄러워하지 않는다. 책을 배부르게 가지고 있으니 당당하다.

책을 좋아하고 구입했다. 아까워서 책장에 꽂아 두었다. 책을 주문하고 택배를 기다리는 동안 책은 나에게 제 역할을 다했나 보다. 충분히 기대하고 기다렸다. 책은 표지 사진을 남겨주고 책장에 자리를 잡았다.

책을 함께 읽는 행위가 책을 아끼는 마음이라는 걸 알았다. 책도 표지만 보는 독자보다 내용을 나누는 독자를 원할 것이다. 책을 함께 읽을 때 책의 가치만큼 활용하는 것이다. 같은 책을 두 권씩 사서 활용할까 보다. 한 권은 집, 한 권은 교실.

책을 좋아하고 구입하며 함께 읽는 마음, 학교도서관 업무에서 시작되었다.

5

학부모 상담 대신 책 수다

　코로나19로 쉬는 시간이 없다. 출근 8시 30분부터 2학년 아이들이 하교하는 오후 1시까지 말을 해야 한다. 상담기간에는 1시 10분부터 학부모 상담 시작이다. 퇴근시간이 되면 목이 잠긴다. 피곤이 몰려온다. 그런데 즐겁다. 학부모 상담 시간에 책 수다를 나누었기 때문이다.

　과거 학부모 상담할 때에는 "효진이가 숙제를 제때 안 냅니다. 현성이가 친구에게 먼저 욕을 합니다." 등 아이들마다 개선할 점부터 말했다. 올바른 상담 방법이 아니다. 학부모들도 자식의 단점을 알고 있었다. 상담기간, 학급을 소개하면서 독서 지도 방향을 말하니 학부모가 나를 신뢰해 주는 것 같다. 부모와 교사 사이가 한층 가까워진 기분마저 든다.

한글 쓰기가 잘되지 않는 학생이 있다. 학부모와 통화를 할 때, 아이가 현재 관심을 가지고 있는 공룡에 대해 말을 꺼냈다.《고 녀석 맛있겠다》시리즈를 아이를 위해 구입하거나 대출해서 아이와 같이 읽기를 권했다.

반 전체에게《무릎 딱지》를 읽어 준 날 오후, 엄마를 그리워하는 아이에게 책이 어땠는지 살짝 물어보았다. 돌아가신 엄마가 많이 보고 싶다고 했다.《무릎 딱지》그림책 제목과 내용, 아이의 반응을 아빠가 알 수 있도록 알려주었다. 그리고 학부모 상담 시간에 한 번 더 아이가 나에게 보여준 마음을 아빠에게 전달했다. 그림책을 읽어 준 경험 덕분이다.

은주 어머니와 통화를 했다. 은주가 여자 아이들과 어울릴 때, 하고 싶은 말을 바로 꺼내지 않고 친구의 기분을 맞춰주는 것 같다고 말했다. 친구에게 맞춰주는 행동은 장점으로 볼 수도 있지만, 은주 마음이 힘들지는 않는지 우리가 살펴야 한다는 걸 강조했다. 근거 자료로 동화책을 소개했다.

《내가 김소연진아일 동안》은 2020년 경남독서한마당 책이다. 담임선생님은 진아에게 특수학생 소연이를 단짝처럼 챙겨달라고 부탁한다. 겉으론 부탁이지만, 진아 입장에선 명령으로 들렸다. 맨 뒷장에 상담교사의 설명을 인용하여 은주어머니와 대화했다.

"진아나 은주처럼 선생님 말씀 잘 듣고, 친구와 싸우지 않고 참아주는 아이들에게 선생님은 고마워해야 한대요. 보통 교실 안에서 말썽 부리는 친구와 발표 잘하는 친구, 눈에 띄는 친구들이 먼저 관심을 받기도 하잖아요. 진정 평화학급은 항상 묵묵히 따라 주는 친구들 덕분이라는 걸 담임교사가 알아야 한다고 적혀 있어서 제게 큰 도움 된 책입니다."

"3학년 선생님도 우리 은주를 그렇게 좋게 생각해 줘야 할 텐데요."

책 수다를 나누기 위해서는 지금 당장 담임은 무엇을 해야 할까? 먼저 학급에서의 독서교육 지도 경험이 있어야 한다. 경험이 풍부해야 한다고 생각하지 않아도 된다. 어제, 오늘 아침 독서시간에 동화 한 권을 매일 두세 페이지씩 읽어 준 경험만으로도 책 수다를 나눌 수 있다.

동화책, 그림책 스토리를 이야기하고 반 학생들의 반응을 들려준다거나, 아이 특색과 학년 특색에 맞추어 재미를 느낄 수 있는 동화책을 추천하면 서로에게 유익한 책 수다가 된다. 학부모가 담임의 독서교육 방향을 이해하게 되고 가정에서도 담임을 지지해 준다.

책 수다를 나누다 보면, 학급운영 방향은 독서인 데 다른 분야 지도를 강조해 달라는 말을 들을 때도 있다. 그럴 때에는 학부모의 부탁을 수용하자. 횟수가 중요한 것은 아니기 때문에 아이들과 한두 번 활동하더라도 활동에 대한 정성이 중요하다고 본다. 학급 운영에 대해 부탁을 한 학부모는 담임이 자신의 말을 존중했다는 점에서 담임을 신뢰하게 될 것이다. 학부모도 담임이 완벽하게 지도하라는 뜻에서 말한 것은 아니다. 적어도 내 아이가 잘 따르는 담임교사의 입술에서 자녀가 현재 부족한 분야에 대해 조언과 격려를 듣길 바라기 때문에 어렵게 부탁했을 것이다. 윤진이 어머니는 윤진이가 발표를 많이 했으면 좋겠고, 바깥 체육활동도 많았으면 한다고 상담 통화에서 말했다.

"어머니, 줄넘기하려고 긴 줄넘기도 가져왔는데 기회를 못 가지고 있습니다. 다음 주에는 목요일쯤 나가보도록 할게요. 발표는 윤진이의 경우 먼저 하려고는 안 합니다. 번호대로 하면 발표합니다. 번호순으로 하더라도 발표 기회를 주겠습니다. 어머니께서 윤진이 생일에 축하 메모와 함께 '엄마의 선물' 책 사줬다면서요. 제게 보여 주길래 감탄했잖아요."

"선생님, 1학기엔 책 많이 읽혀달라고 부탁하더니 2학기엔 바깥활동과 발표 부탁을 하지요? 선생님, 부탁이 너무 많아서 미안합니다."

윤진이 어머니와 책 수다로 인하여 어머니가 담임과 학급 상황을 잘 이해해 주리라 기대하고 있다.

학부모 상담기간, 책을 매개체로 끼워 대화해 보자. 학교의 상담기간에 관심을 가지고 적극적으로 상담을 신청해 준 학부모에게 고맙다. 상담기간 내내 목소리를 아끼지 않고 마음을 다해 상담하는 교사들을 응원한다.

책 수다가 가정마다 독서의 씨앗이 될지도 모른다. 아이들에게 책 읽으라는 말을 아끼고, 학부모가 책을 한 페이지라도 읽기를 권하고 싶다. 책 수다를 나눌 때에는 내가 읽은 《엄마의 빈틈이 아이를 키운다》의 28쪽 일부분을 읽어 주고 싶다.
"왜 엄마는 돌아서서 후회할 걸 알면서도 아이에게 자꾸 화를 내는 것일까? 감정의 흐름을 제대로 인식하지 못해서 아이를 감정의 수챗구멍으로 삼고 있기 때문이다."
아이들을 키우다 보면 별 일 아닌 일에 크게 혼을 낼 때도 있고, 큰 잘못인데도 너그럽게 넘어가는 일도 있다. 학교 엄마 자격으로 학부모와 같이 책 내용을 나눠보면 어떨까.

6

학급문고 두 번의 당첨

"2008년 1차 학급문고 보내기 행사 선정학급을 발표합니다."
경남 김해 주석초 5학년 5반 백란현 선생님.
"KB국민은행과 함께하는 '2011년 행복한 학급문고 지원학급'을 발표합니다."
경남 김해 주석초 1학년 6반 백란현 선생님.

학급문고를 활용한 독서교육 사례 200자 원고지 5매 이상, '선생님이 학급문고로 구입한 도서 목록'이 신청서 내용에 필수 사항으로 들어갔다. 아침 독서운동에 참여한 학생들, 학부모 글, 아침 독서 사진, 동영상 같은 선택 사항을 넣으면 가산점을 준다고 하여 아침독서를 하는 장면을 짧은 동영상으로 찍어 보냈다. 3월 2일, 학생들을 처음 만난 날에 학부모에게 보낸 편지도 첨부했다.

독서교육 중심으로 운영할 예정이고, 교실에《지인지기 인물 이야기》를 꽂아 두었다는 내용이었다.

  초등 525학급 중에서 173학급 당첨. 우리 반도 포함이다. 착불 택배비 3,000원은 전혀 아깝지 않았다. 학급문고에 당첨된 날, 택배를 푸는 장면을 동영상으로 담아 교내 학급탐방 방송에 사용했다.

  "도서관 같은 교실 함께 만들어요."

  학급문고 보내기 행사 슬로건이다. 4면이 전부 책장이었으면 좋겠다고 생각한 적 많았다. 낡은 책으로 책장을 채울 수는 없다. 매년 학년과 학급을 배정 받으면 책꽂이 정리부터 한다. 버릴 건 버리고 활용 가능한 책은 빈 사물함에 넣어둔다. 내 이름 붙인 '내 책'으로 교실을 채우기 위해서다. 5학년 맡아서 받았던 학급문고는 이다음에 다시 5학년을 만나면 사용하기로 하고 집에 갖다 두었다. 1학년용 100권을 받았을 때 방학기간이라 반 학생들과 다함께 풀어보지 못해서 아쉬웠다. 111학급이 지원해서 58학급이 100권을 받았다. 우리 반이 포함되었단 사실에 친구도 축하해 주었다. 대학 동기 춘배쌤은 부럽다며 빌려달라고 말했다.

  1층 행정실에서 수령한 책 박스 두 개를 다른 건물 2층 우리 반으로 옮기느라 손가락과 허리가 아팠다. 여름방학 중 택배 도착 소식에 개학날까지 그냥 둘 수 없었다. 방학 기간 동안 찾아가는 일대일 다문화 수업을 교실에서 하자고 연락했다. 다문화 학생 유진이는 100권의 책을 먼저 보는 행운을 얻었다.

이 글을 쓰면서 두 번째 책 당첨을 위해 작성한 학급문고 응모 신청서를 내 메일에서 찾았다.

"1학년을 맡고 아이들을 가르치면서 느낀 점은 유아기의 독서 환경이 많이 다르다는 것이었습니다. 요즘에는 가정마다 책을 읽어 주는 사례가 늘고 있지만, 아직도 아이들 중에는 가정에서의 독서환경이 턱없이 부족함을 느꼈고, 학교에서의 공부태도와 직접적인 연관이 있다는 생각을 했습니다. 1학년이기에 더더욱 학교에서 담임으로서 독서환경을 갖추어 주고, 책 읽어 주면서 유아기 때의 가정환경의 차이를 조금이라도 좁혀 주려고 합니다. 가정에서 독서가 충분한 친구들은 친구들 대로 책의 즐거움을 더 주려고 노력합니다. 가정에서의 독서는 주로 교과연계나 학습 면에서 다룬 경우도 있어서 책 자체의 즐거움을 찾아주려고 하고 있습니다. 책은 책으로서의 목적을 가지고 있어야 된다고 생각합니다. 책이 도구가 된다면, 책으로 더더욱 이중 삼중의 스트레스를 받고 자라야 하는 어린 아이들의 어려움을 잘 알기 때문입니다. 책 자체의 즐거움을 만끽한 아이들이 자기 주도적 학습도 되리라 믿습니다. 내 인생에서의 책이 휴식처이고 즐거움이 된다면 어떠한 환경에서도 행복할 수 있으리라 봅니다."

응모 신청서를 잘 썼다고 생각하지 않는다. 다만 10년 전이나 지금이나 '독서교육'을 학급의 중심으로 이어가고 있다는 사실을 확인했다. 나를 스쳐 지나가는 학생들이 나로 인하여 '책을 좋아하고, 책을 구입하는 평생 독자의 길'을 가면 좋겠다.

신청서, 계획서, 보고서 따위의 문서작성을 싫어한다. 혜택을 가득 준다고 해도 '신청서 제출' 글자가 적힌 공문은 읽어보지도 않고 넘어갈 때도 있었다. 책을 준다는 말 한마디에 공문을 정독했다.

학급문고 두 번의 당첨 경험을 통해 응모 공문도 읽어보고 추진도 해보는 좋은 기회를 얻었다. 당첨 학급문고를 함께 활용했던 아이들 그리고 학부모가 기뻐했던 기억이 지금도 선명하다.

책 당첨의 기회는 또 찾아왔다.
2018년부터 2020년까지 김해교육지원청 학급 독서 동아리 책 지원 공문을 보고 신청서를 보냈다. 동아리로 선정된 학급은 학년 말에 보고회에 참석해서 발표까지 해야 했다. 책을 공짜로 주는 만큼 책 활용에 관한 성과도 있어야 한다.

신학기를 시작하는 3월 초, 신청서에 정성을 쏟지 못했지만 교육지원청에 보냈다. 다행스럽게도 4학년 우리 반 학생들에게 《일수의 탄생》을 한 권씩 선물할 수 있었다. 새로 생긴 책 지원 행사였고, 학년 말 보고회 발표로 인하여 신청학급이 많지 않았던 걸로 해석된다.

2019년에는 《너무 많이 가르치는 선생님》, 2020년에는 《내가 김소연진아일 동안》을 5학년 아이들 각자에게 한 권씩 선물했다. 교실에서 같은 책으로 동시에 책을 읽을 수 있는 기회였다. 책을 활용한 결과 운영 보고서나 실적 발표회에 부담이 되었지만, 아이들 각자에게 책을 선물하고 싶은 마음뿐이었다.

2021년에는 '김해독서교육지원단'이 되면서 학급 독서 동아리 지원 신청서를 내지 않았다. 나의 신청서를 내가 심사하는 것은 합당하지 않다고 생각했기 때문이다.

독서 지도와 관련된 공문이나 공지는 과거에도 있었을 터다. 학생들에게 책을 읽도록 돕겠다는 목표를 세우니 관련 내용이 눈에 보인다. 관심을 가진 이후 응모할 수 있는 기회도 가졌다. 신간도서를 살펴볼 때에도 '초등 독서교육' 분야의 책에 손이 먼저 간다.

사람마다 관심 영역은 다르다. 한 영역에 관심을 가지고 배우고자 했을 때 관련 저서도 읽고, 나도 전문가가 되어야겠다는 생각을 해본다. 아이들마다 관심사가 다르다. 둘째 희진이의 경우, 패드로 캐릭터를 그리고 스티커 주문도 한다. 희진이를 위해 《진짜 하루 만에 끝내는 이모티콘》을 선물했다. 관심 영역에 대하여 주당 1권씩 3년간 책을 읽으면 그 분야의 전문가가 될 수 있다고 브라이언 트레이시는 《TIME POWER 잠들어 있는 시간을 깨워라》에서 말했다. 어른이나 아이 할 것 없이 나의 관심이 무엇인지 찾고 깊이 있는 독서를 권한다. 중요한 것은 지속적으로 행동하는 것이다.

7
기초학력 수업과
다문화 수업도 책과 함께

'그림책 큐레이터 2급 자격증 보유'라고 교내 메신저에 적었다. '2021 초등 누리교실 운영 계획' 공문을 읽고 지도교사 지원을 하기 위해서다.

'누리교실'이란 기초학력 지원 대상 학생, 교사 추천 학생, 희망 학생을 대상으로 학습 결손 예방 및 학습 격차 해소를 위한 학생 맞춤형 프로그램이다. 즉, 보충수업이다. 그런데 대상이 너무 광범위하다. 보충학생뿐만 아니라 희망학생도 받아야 한다. 학생 한 명은 국어 읽기와 쓰기를 어려워한다. '워터파크', '맥도날드' 글자를 어떻게 쓰는지 묻는다. 이 친구와 함께하고 싶었다. 국어 교과 보충 프로그램, 그림책 교실이다. 수강생이 한 명만 신청해도 운영할 수 있다.

한 시간에 40분씩 총 10회 운영하라는 답을 받았다. 간단한 누리교실 소개를 보내달라는 말과 함께.

> **매주 다른 주제의 그림책을 읽고 독서 전, 중, 후 활동하기**
>
> 독서 전 - 지우개 브레인스토밍, 내용 예상하기, 질문 만들기
>
> 독서 중 - 함께 읽기, 낭독 극으로 나타내기, 그림 돋보기 활동, 핫시팅 활동
>
> 독서 후 - 띠 빙고, 진진가 등 책 놀이하기, 주제별 그림책 큐레이션 하기

'다문화 학생 맞춤형교육' 신청 공문을 보고 신청했다. 정운이 어머니는 베트남 출신이다. 책도 함께 읽고 국어실력에도 도움이 될 것이니까. 5월부터 10월까지 총 30회 동안 일대일 맞춤형 책 읽기를 진행했다. 2학년 정운이와 함께 읽은 책은 《두 배로 카메라》,《축구 생각》,《마법사 똥맨》,《마법의 설탕 두 조각》이다. 《푸른 사자 와니니2》는 내용이 많지만 2~3쪽씩 나누어 읽고 있다. 정운이는 가끔 문장을 그대로 읽지 않으면서 단어 몇 개만 읽고 조사와 서술어는 마음대로 읽었다. 소리 내어 책 읽기를 하면서 정운이는 문장을 정확하게 읽는다. 책을 함께 읽다가 떠오르는 생각을 바로 얘기하기도 한다. 책 읽기를 잠시 멈추고 정운이의 이야기를 들어도 괜찮다. 일대일운영이기 때문이다.

"선생님, 마법의 설탕 두 조각에 나오는 마법사 못생겼어요."

만나는 주인공마다 못생겼단다. 왜 그렇게 생각하는지 이유를 물어본다.

"선생님과 같이 책 읽는 시간 재밌어요."

책 수업에 대해 어떤지 물어보지 않았는데, 한마디 던지고 하교했다. 책 읽어 주느라 아팠던 내 목을 낫게 하는 최고의 약이다.

국어 문제집으로 수업을 할 수도 있었지만, 동화책을 활용하여 다문화 학생 맞춤형 수업을 진행했다. 함께 읽은 '책'은 정운이와 나 사이에 신뢰를 쌓는 연결고리가 되었으리라 생각한다.

1학년 담임으로 가르칠 때였다. 엄마가 중국인인 유진이도 '찾아가는 다문화교실' 수업에서 나와 함께 책을 읽었다. 여름방학 동안 열 번 유진이 집을 방문했다.

《고 녀석 맛있겠다》, 《냄새 값 소리 값》, 《샌지와 빵집주인》, 《글자 없는 그림책》 등을 활용했다. 북아트 중에 팝업 책을 만들고, 읽은 책의 내용을 일부 베껴 쓰면서 받아쓰기 대체 활동을 했다. 방학 중 가정에 찾아가는 일대일 수업은 학부모 입장에서 부담이 될 수도 있다. 아이 입장에서도 국어 공부를 하는 것처럼 여겨진다면 일대일 수업에 참여하기 싫을지도 모른다. 그러나 그림책을 활용하다 보니 책 읽어 주는 나와 듣고 있는 유진이는 마음의 거리를 좁힐 수 있었다. 유진이 동생 시은이도 옆에 다가와 그림책을 함께 보았다. 유진 어머니는 한국 전래동화를 잘 모른다. 어머니는 유진이가 전래동화를 많이 읽기를 원했다. 다문화 지원 예산의 잔액을 확인했고, 기탄교육 전래동화 특가를 검색하여 서둘러 주문했다. 책을 가지러 행정실에 온 유진이 엄마는 전래동화 두 박스를 가져가면서 기뻐했다. 엄마가 자매들에게 책을 읽어 주기로 했다.

2020년에도 '다문화 학생 맞춤형교육'을 신청했지만, 코로나19로 인하여 2학기 10월 말부터 시작했다. 주연이와 함께 읽은 책은 《80일간의 세계 일주》,《보물섬》,《톰 소여의 모험》,《허클베리 핀의 모험》 등이다. 초등 고전 목록 중에서 주연이가 직접 고른 책이다. 반 친구들과 함께하는 수업 중에서 주연이는 발표를 자주 하지 않았다. 지목해도 입을 꾹 다물었다. 책을 읽은 후 떠오르는 사건을 얘기해 보라고 했더니 기억이 나지 않는다고 했다. 나와 주연이가 각자 정해진 분량만큼 책을 읽고, 자기 책의 밑줄 그은 내용을 소개하는 방법으로 다문화 일대일 국어 수업을 진행했다. 수업횟수가 쌓일수록 밑줄 그은 문장도 늘어났다. 문장 읽기만 하다가 밑줄 그은 이유도 조금씩 덧붙여서 대화를 나누었다.《독서불패》,《조선왕조실록》을 추가로 읽으면서 인물을 탐색했다.《독서불패》의 정약용 편에서 망한 집안의 자손이기 때문에 더욱 열심히 독서를 해야 한다고 한 내용과《톰 소여의 모험》에서 영광스러운 페인트칠 내용이 인상 깊었다고 주연이가 먼저 말을 꺼냈다. 책을 통해 발표력을 향상시킬 수 있다는 생각이 들었다.

기초학력 및 다문화 수업에서 책 놀이를 적극 활용한다. 책 제목으로 피라미드 칸 채우기와 책에 나오는 낱말로 띠 빙고하는 방법을 소개하려고 한다.

책 제목 중에서 1글자, 2글자, 4글자, 10글자의 제목을 찾아 피라미드 종이에 적는 놀이이다. 학교도서관에서 책 제목을 찾으러 서가마다 돌아다니며 종이에 기록한다. 책 기둥만 훑어도 책을 꽤

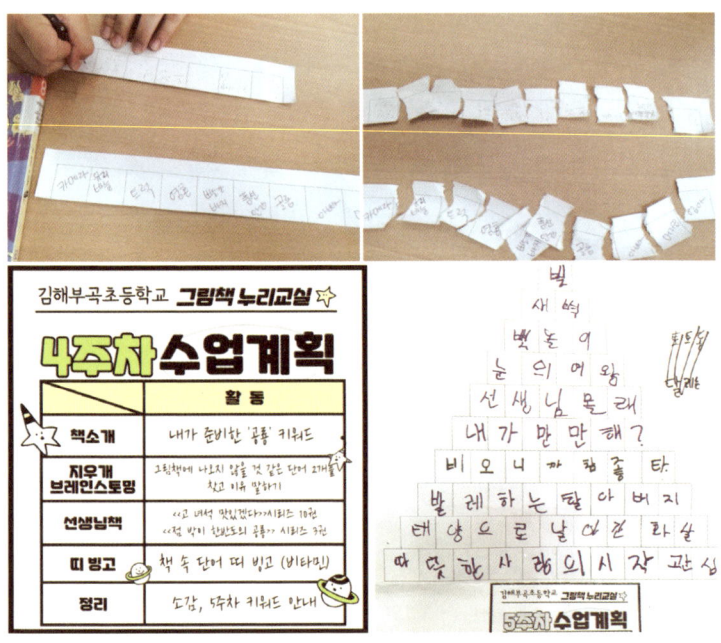

뚫은 것처럼 표정이 자신만만하다. 이러한 활동으로 한 권이라도 뽑아 읽게 만들면 책 놀이의 효과는 만점일 터다.

띠 빙고 놀이는 길쭉하게 만든 6~10칸의 종이에 책에 나오는 낱말을 골라서 기록한다. 돌아가며 종이 양쪽 끝에 있는 낱말을 읽는다. 친구가 부르는 낱말이 내 종이 끝부분에 적혀 있으면 종이를 잘라낸다. 손에 들고 있는 종이가 먼저 없어지는 사람이 이긴다.

기초학력 및 다문화 수업에서는 책을 활용하여 운영하고 책 놀이도 가능하다. 지도하는 나는 책 덕분에 아이들과 한 번이라도 더 만날 수 있는 기회가 주어진다. 아이들도 책을 통해 경험치가 확대된다. 아이들에게 책은 날개다.

8

북아트로 표현해요

나는 북아트에 푹 빠져 있다.

내가 빠져든 이유는 2011년 동학년 선생님들 덕분이다. 이현정 선생님은 1학년 5반, 나는 1학년 6반 담임이었다. 이현정 선생님은 교육청에 '북아트연구회' 운영 계획서를 제출했다. 우리 학년 선생님들이 연구회 회원이다. 일주일에 한 번 퇴근시간쯤 1학년 5반 교실에 모였다.

이현정 선생님은 《즐거운 북아트 교실》 공저자다. 이 책을 북아트 연수교재로 활용했다. 회원 선생님들이 돌아가며 북아트 기법을 가르쳐 준다. 책 목차 중에서 미리 한 가지를 골라 샘플 작품을 만든다. 연구회 공부하는 날, 강의를 준비한 선생님이 책 만드는 방법과 수업 중 활용 사례를 알려준다. 함께 공부한 회원들은 다음 주 만나기 전까지 배운 내용을 수업에 적용해 본다.

연구회에서 배운 북아트 기법을 학생들에게 모두 적용했다. 2면 접기 책, 3면 책, 계단 책, 고리 책, 기본 접기 책, 깃발 책, 매직 북, 팝업 책. 서연이는 《선생님을 찾습니다!》를 읽고 문어발 책을 만들었다. 때찌 선생님, 보드레 선생님, 뼈끔뼈끔 형사, 등장 학생들을 소개했다. 서연이에게 500원을 내고 문어발 책을 구입했다. 서연이가 1,000원으로 가격을 적어 두었다면 1,000원을 냈을 것이다. 구입한 책을 다음 해 학생들 지도에 예시작품으로 사용했다.

북아트연구회 활동 덕분에 강사 생활을 시작했다. 2013년 독서교육 업무를 맡고 있을 당시, 독서교육부장이 학부모 초청 특강 강사를 구하지 못해 고심하고 있었다. 학부모 스무 명을 대상으로 한 오전 두 시간 강의였다. 내가 북아트 강의를 하겠다고 나섰다.

"근데 백쌤, 강사비 지출이 안 된다. 본교 교사라서."

"괜찮아요. 같은 학교이고 경비도 들지 않는데요, 뭐."

곧바로 후회했다. 독서교육부장 앞에 잠시 똥 폼을 잡긴 했지만 북아트 강사는 시간과의 전쟁이다. 재료가 1인용씩 사전 준비가 되어 있어야 제한된 시간에 북아트 작품을 완성할 수 있다. 집안일은 제쳐놓고 샘플 작품을 만들면서 과정마다 사진을 찍었다. 당일 강의하는 동안 시범을 보일 종이도 필요했다. 종이는 뒤에서도 보이도록 큰 사이즈로 준비했다. PPT 제목을 〈자녀와 함께하는 나만의 책 만들기〉로 정했다. 매직북 두 가지와 2면 접기 책, 옛

책 강의 준비를 했다. 블로그에 올려둔 학급 아이들의 북아트 작품 사진이 강의 준비에 큰 도움이 되었다. 저학년도 수업 중 충분히 만들 수 있는 북아트 결과물이었다.

북아트는 '아트'보다 '북'을 강조한다. 책을 만드는 예술성도 중요하지만 내용을 채우는 것이 더 중요하다. 공책 대신 사용할 수도 있고, 독후활동으로도 활용하기 좋다. 학생들은 북아트 기법으로 책을 만든 후 진짜 책처럼 바코드도 그리고 책의 정가도 기록한다. 부모님이 사준다면 아이들은 작가로서 수익도 만든 격이다. 어쨌든 갑자기 수락했던 강의를 무사히 마쳤다.

2015년 1월 초, 효정쌤이 전화를 했다. 생림초에 '지속발전가능교육'으로 북아트 강의를 해달라고 했다. 강의 다음 날 나는 연구부장으로서 새 학년 교육과정 의논 차 부장 워크숍을 주최해야 해서 난감했다.
"좀 해주면 안 될까? 구할 수 있는 강사가 너밖에 없다. 가정별 참여라서 5~6팀 올 거야."
"시간 빼 볼게. 공문 빨리 보내. 교장선생님 허락받아야 되거든."
첫 학교 리모델링의 어려움을 함께 해준 친구의 부탁인데 거절할 수 없었다. 생림초. 택시비만 편도 3만 원 가까이 나온다. 강사비는 10만 원이다. 미리 수업용 재료를 신청하면 생림초 예산으로 사줄 수 있는데, 필요한 종이와 강의안을 주말에 만들 예정이라 친구에게 말하지 못했다. 사비로 필요한 준비물을 1인용씩 포장했다. 종이를 자르는 데 시간이 많이 걸렸다. '지속발전가능교육'이므로 환경교육에 관련된 참고 도서를 활용하여 환경달력 만들기를 했다. 내가 좋아하는 옛 책은 필수 코스, 환경달력은 매직북으로 만들기로 했다. 달력에 붙일 세부 내용은 따로 준비했다. 재료값과 교통비로 적자가 되었다. 그러나 경험을 쌓았다.

  예술 감각이 없다고 생각하는 사람들에게 북아트 표현 방법을 추천한다. 나도 예술 감각이 없다. 그런데 내가 북아트 강의를 했다. 갑자기 섭외된다 하여도 강의안과 사진을 그대로 가지고 있기 때문에 바로 강의할 수 있다. 저학년, 고학년 할 것 없이 북아트는 교과목 정리나 독후활동에 활용할 수 있다. 저학년의 경우, 개인 활동 위주로 독후활동에 활용해 보니 아이들이 좋아했다. 고학년의 경우, 북아트 형식으로 모둠 결과물을 정리하니 효과적이었다. 물론 북아트로 표현할 주제와 북아트 기법이 맞아떨어지면 좋다. 만약 한국사 연표를 만든다면 병풍책, 동식물 퀴즈를 낸다면 매직북을 활용한다.

  나는 북아트를 만나 행복하다. 북아트를 만난 것 덕분에 독서교육 강사를 시작했으니까.

  학습준비물로 색지를 가득 사놓았다. 하늘, 분홍, 노랑, 연두 총

1,000장이다. 오늘 '우리 동네 소개하기' 수업에서 북아트 3면책을 만들었다. 2학년 교실, 점심시간에도 조용하다니 기적 같은 일이다.

'자신 없다', '능력이 부족하다', '못한다'는 말은 입 밖으로 꺼내지 않는다. 이러한 표현들이 겸손을 뜻하는 것이라 생각했다. 아니었다. 이 단어들은 책임을 회피하는 용도로 쓰이기도 하고, 나 스스로에게 능력이 부족하다는 걸 세뇌시키기도 했다. 그리기와 꾸미기 등 미술 영역에 소질이 없다고 생각했던 내가 북아트를 배우고 강의한 이후로 도전과 성취의 맛을 알아가기 시작했다.

아이와 함께하는 독서교육

1

임신과 육아의 반복

　동생 때문에 큰 아이에게 책을 읽어 주지 못해 고민한 적이 있는가? 세 자매를 낳고 키우면서 책을 읽어 주지 못해 고민한 적이 많았다. 셋째를 낳으면서 한때 아이들에게 책 읽어 주는 일을 포기한 적도 있다.

　2006년 2월, 첫째 희수의 임신을 확인했다. 학교도서관을 맡고 있고, 그림책 소모임도 해왔기 때문에 그림책 여러 권을 가지고 있었다. 그러나 희수 책 읽어 주기 태교는 어색하기만 했다. 1학년 아이들에게 그림책을 읽어 주는 것 자체가 큰딸 태교였다. 동서가 교원 전집 리스트를 뽑아 와서 책 구입을 권했다. 돌도 되지 않은 희수를 위해 전래와 명작 동화를 포함하여 여러 질을 구입했다. 테이프와 CD가 있기 때문에 들려주는 것부터 시작하라는 조언을 들었다. 동서는 번호 스티커를 사용해 읽어 준 책을 표시하라고 했다. 번호 스티커 붙이는 행동이 블로그 기록으로 발전했다. 읽어 준 만큼 블로그에 책 제목을 누가 기록했다. 1. 싹싹싹 2. 사과가 쿵 3. 응가하자 끙끙…. "희수의 책이에요."라는 문구를 동서가 보내두었다. 교원전집마다 스티커를 붙였다.

10개월이 될 때, 희수에게 명품 꼬마 자연관찰을 사 주었다. 전집매장 첫 거래였다. 좁은 집안에 책이 점점 늘어났다. 덩달아 책장도 계속 구입했다. 책이 공간을 많이 차지했다. 창의력을 동원하여 책장배치를 했다. 개방형 현관이었는데, 책장을 배치하여 중문이 있는 현관처럼 만들었다.

2008년 희수가 두 돌일 때, 우리 가족은 푸름이닷컴 마산 창원 팀 모임에 1박 2일로 다녀왔다. 처음 보는 얼굴들이었으나 불꽃놀이, 갯벌체험, 낚시 활동을 하며 잘 어울렸다. 가정마다 실천하고 있는 책 육아 과정과 방법도 전해 들었다. 아이가 원하는 만큼 읽어 주라고 한다. 한글은 두 돌에 떼도록 노력해야 하고, 읽기 독립도 세 돌엔 시켜야 한다. 쉽지 않아 보였다. 추천 전집 리스트라도 기억하려고 애썼다. 집에 돌아와 거실에 책장을 재배치했다. 표지가 보이도록 책을 꽂았다. 거실바닥에도 이리저리 책을 놓았다. 캠프 이후 희수는 책을 더 좋아했다. 나도 하루에 10권 이상은 읽어 주려고 노력했다. 희수의 책 육아가 정착된다고 믿고 있었을 때 둘째 희진이를 가졌다.

　희진이 임신 중일 때 희수에게 책을 가장 많이 읽어 준 것 같다. 희수에게 읽어 준 책 목록을 희진이 독서태교 기록에도 복사해서 붙였다. 블로그에 희진이 태교 카테고리가 생긴 사실에 설렜다. 블로그에서는 이미 네 식구였다. 희수에 비해 둘째 희진이는 독서태교 부분에서는 책을 1,000권쯤 읽고 태어났다. 희진이가 태어나고 3개월, 출산휴가가 끝나고 복직했다. 희수와 희진이를 7시 50분에 어린이집으로 보낸 후 남편과 나는 출근했다. 출퇴근과 두 아이 돌보는 일상이 반복되면서 희수에게 책 읽어 주는 시간이 점점 사라졌다. 그럴수록 기존 책을 다시 꺼내보면 좋았을 텐데, 마치 새 책이 들어오지 않아서 책을 못 읽어 주는 것처럼 생각했다. 전집매장에 달려가 자주 책을 샀다. 단골이라 외상도 해보았다. 일요일 오후 전집매장에서 사장님 부부와 놀고 차를 마셨다. 집에 돌아오는 길엔 샘플 책을 얻어왔고, 며칠 뒤엔 샘플 책이 포함된 전집을 들였다. 새 책이 들어왔을 땐 희수가 잘 보긴 했다. 첫째가 보던 책을 둘째가 보니 오히려 이득이라 생각했다. 학교 들어가서 쓸 교육비를 책값으로 미리 당겨쓰는 것이라고 여겼다.

　희수가 초등학교 2학년, 희진이가 다섯 살이었을 때, 학교에서 연구부장 일을 하느라고 일 년간 아이들의 교육에 신경을 전혀 쓸 수 없었다. 내가 옆 학교 2학년 담임을 하고 있으면서도 희수 2학년 공부를 봐주지 못했을 정도로 학교에서 늦게 퇴근했다. 일 년간의 공백은 희수, 희진이에겐 독서 정체기였다. 아이들은 마음껏 DVD 영상을 시청했다. 책 대신 영상 중심으로 집 분위기가 바뀌었다.

일 년 후 다시 학교도서관 업무를 맡았을 때 책 육아도 새롭게 시작했다. 《하루 나이 독서》 덕분이다. 푸름이닷컴에서 나온 책이긴 하지만, 푸름이닷컴 캠프에 갈 때 느꼈던 다독보다는 강도가 덜한 느낌이 들었다. 희수는 10살, 희진이가 6살이면 그림책 기준으로 10권과 6권을 읽게 하면 된다. 그것이 바로 '하루 나이 독서'다. 희수와 희진이에게 그림책 위주로 보여주었다. 희진이도 제법 컸고, 희수도 학교생활을 무난히 잘하고 있을 때 또 임신을 했다.

2016년, 예상치 못한 막내가 선물로 찾아왔다. 체력이 딸려 독서 육아는 더 이상 없다. 노산과 임신성 당뇨 진단. 독서태교보다 건강하게 낳는 것이 중요했다. 출산휴가를 받기 전까지 학교에 출근했고, 퇴근하면 누워 지냈다. 둘째가 아기 때 구입한 책을 미리 버린 것에 후회했다. 이미 직장을 다니며 두 명이나 두 돌 넘게 모유 수유해 왔다. 다시 학교에서 유축할 생각을 하니 기가 찬다. 물론 유축기도 다시 사야 했다.

언니들에 비해 막내 희윤이는 유튜브에 일찍 노출되었다. 방법을 찾아야만 했다. 2018년 10월, 육아시간을 한 달 사용하면서 내가 직접 책을 읽어 주는 영상을 만들었다. 영상을 보여준 후 영상 속에 있는 책을 꺼내두는 방법으로 책 읽어 주기를 시도했다. '하루 나이 독서'는 지키지 못했지만, 하루 한 권 책 읽어 주기를 실천하고 있다.

세 자매마다 읽은 책은 블로그에 틈틈이 기록하고 있다. 책을 읽어 준 후 사진을 찍어둔다. 바로 블로그에 내용을 적을 시간이 없을 경우에는 한 달에 한 번 한꺼번에 책 사진을 올린다. 최근에는 인스타그램에도 희윤이에게 읽어 준 책 목록을 기록하고 있다. 짧게나마 매일 기록하려고 한다. 희윤이에게 읽어 준 책 사진이 점점 쌓이고 있다.

가끔 딸들 친구 엄마가 전화를 한다. 어떻게 공부를 시키고 있는지 묻는다. 둘째 희진이는 동네에서 서정이 엄마와 마주쳤다고 한다. 나의 학부모이기도 했다. 무슨 문제집으로 공부하는지 물어서 '하루 한 장' 문제집이라고 대답했단다. 정작 희진이는 일주일에 한 장 풀 때도 있지만.

내가 이러한 이야기를 꺼내는 이유는, 다른 아이가 하고 있는 독서와 학습을 내 아이에게 적용할 필요가 없다는 걸 말하고 싶어서이다. 내 아이의 패턴에 맞게 계획하고 운영하면 된다. 푸름이닷컴의 회원들을 존중하고, 그분들의 '배려 깊은 사랑'을 기본으로 한 독서 육아를 응원한다. 카페에서도 소통할 만큼 배울 점이 많다. 그러나 세 자매 독서 육아에서는 나의 방법과 진행 페이스가 있기 마련이다. 사람 수만큼 독서법이 있다고 한다. 독서 육아에도 마찬가지지 않을까? 임신과 육아를 반복한 나의 경우, 세 아이 각각에 맞는 독서 육아도 다르게 진행된다. 한 뱃속에서 나왔지만 성격은 다르다. 당연히 좋아하는 책도 각각 다르다. 어쩌면 독서 육아법을 일일이 명시하지 못할 정도로 다양할 수도 있다는 추측을 해본다.

2

내 아이를 위한 책 읽기

　책을 좋아하는 아이들로 키우고 싶었다. 16살. 12살. 6살. 16년째 육아 중이다. 환장하겠다. 나이차이가 나니 장점도 있다. 중등, 초등, 유아 권장 도서목록을 꿰뚫게 되었다. 도서목록을 알고 있는 것과 책을 읽게 하는 것과는 별개라는 사실도 덤으로 알았다.
　책 읽는 아이로 키우고 싶었지만 뜻대로 되지 않았다. 학교에서 돌아오면 목소리가 잠겼다. 첫째는 구연동화 CD를 들으며 책장을 넘기기도 했지만, 가끔 있는 일이었다. 학기 초와 학기 말에는 일도 많았다. 둘째의 편도염 입원 기간에도 노트북을 병실에 가져가 성적 작업을 했을 정도다. 식구 수만큼 챙겨야 할 집안일도 많다. 학교 수업과 업무도 해야 한다. 생각나면 책을 읽어 주고, 생각나지 않으면 책 없이 하루를 넘겼다.
　그럼에도 불구하고 노력했다. 작심삼일을 반복하더라도 책을 읽어 준 후에는 책 사진을 찍고 블로그에 올렸다. 아이가 책을 읽다가 무슨 말을 했는지도 생각날 때마다 기록했다. 그러나 셋째 희윤이에게는 한 달 동안 읽어 준 그림책이 몇 권 되지 않았다.

희수에게 입학 전까지 7340권을 읽어줄 만큼 책 육아에 몰빵했다. 책은 희수에게 친구였으면 좋겠고, 희수가 책 읽는 재미를 느끼기를 바라왔다. 희수의 중학교 성적표를 손에 쥔 날에는 어떻게 공부시켜야 하나 염려도 되었다. 과목당 수십만 원씩 하는 학원비는 감당할 길이 없어 사교육을 알아보다가 중단한 적이 많다. 첫째의 책 육아 덕분에 정서적으로 편안한 아이로 커가는 것 같지만, 집 앞에 있는 고등학교에 가지 못하면 어쩌나 하는 생각에 엄마로서 마음이 편치 않았다.

중학생 희수의 책 읽기 기록은 많이 해두지 못했다. 매번 무슨 책을 읽는지 물어보는 것도 딸에게 부담을 줄까 싶어 참았다. 희수 방에 있던 전집은 중학생에게 맞지 않은 듯하여 희진이 방으로 옮겼다. 희수에게 2단 낮은 공간박스 2개만 두었다. 한결 간결해진 자신의 방이 편안하게 느껴졌나 보다. 큰 책장은 넣지 말라고 신신당부했다. 공간박스 안에 책을 꽂고 싶었는지 몇 권의 소설책을 사달라고 했다. 희수가 책을 사달라고 하면 인터넷 서점에서 할인 여부를 따지지 않고 빠르게 배송되는 곳에서 서둘러 주문한다. 읽고 싶어 하는 마음이 사라지기 전에.

결정적 계기가 있었다. 코로나19로 인한 중2 원격수업이 많았던 시기였다. 국어A, 국어B 교사가 수업분량을 나누어 진도를 나갔다. 원격 2/3, 등교 1/3일 때였다. 코로나 19 확진자 수 증가로 인하여 중간고사도 취소되었다. 1학기 전체 분량에 대하여 두 명의 국어교사가 기말 문제를 출제했다. 3주 만에 등교할 때에는 각종 수행평

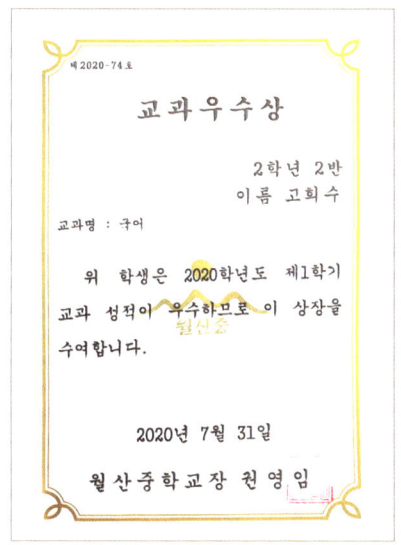

가 일정이 꽉 차 있었다. 언론에서는 기초학력 저하에 대하여 중위권이 사라졌다는 뉴스를 보도했다. 그럼에도 불구하고 희수는 2학년 1학기 기말 시험 국어 과목에서 100점을 받았다. 교과우수상도 타왔다. 국어선생님들이 복도에서 희수를 먼저 알아보고 말도 붙여 주신다고 했다. 그 후에도 국어 교과는 상위성적을 유지하고 있다. 이제야 비로소 책 육아의 결과가 나오는 건가 하는 마음에 둘째와 셋째에게도 책을 좀 더 적극적으로 읽을 수 있도록 돕고 있다.

2020년 10월 9일 노트북을 배송 받았다. 노트북을 산 덕분에 경남대표도서관 주관 강의에서 임영주 박사와 전안나 작가를 만

났다. 임영주 박사는 '아이와 소통하는 자존감 대화법'이란 주제로 강의했다. 대화는 마주하는 것이기 때문에 대놓고 화내지 말기, 중학생부터는 동반자이자 어른으로 대하기 등 큰딸을 대할 때 엄마로서 가질 태도에 대해 조언했다. 책 읽기도 강요보다는 동반자로 안내하는 역할을 해야겠다고 생각했다. 전안나 작가 강의는 경남대표도서관과 진사도서관, 이렇게 두 번 들었다. '인생을 바꾸는 1일 1책 1천 권 독서법' 강의와 '초등 하루 한 권 책밥 독서법' 강의였다. 전안나 작가의 강의를 들은 후 아이들의 주간 독서 목표를 잡았다. 나의 독서 에너지를 세 아이만큼 3으로 나누는 것이 아니라 나까지 포함하여 4로 나누었다. 일주일 중에 나를 챙기는 요일과 세 자매들의 독서를 챙기는 요일을 균등하게 나누어 계획을 세웠다. 희수에게는 나도 밑줄 쳐서 읽었던 《독서불패》를 새 책으로 사 주고, 하루에 목차 하나씩 읽으면 어떨지 의논했다. 희진이와 희윤이는 하루 한 권 그림책 읽어 주기를 진행했고, 희진이는 동화책도 주 2~3권 읽도록 의논하여 계획을 짰다.

내 아이를 위한 책 읽기는 곧 나를 위한 책 읽기가 되어야 된다. 내 에너지의 1/4만큼 나를 챙겼다. 내가 직장 맘으로서 바쁜 일상에서 지치지 않아야 책 육아는 유지된다. 나도 매일 책 읽기를 통해 평정심을 찾고자 했다. 아이가 책을 가까이 하거나, 유튜브나 게임을 보는 아이의 행동으로 인해 내 감정이 오르락내리락하기

보다는 내 페이스대로 매일 몇 장이라도 책을 읽는 습관을 유지하고 있다.

지금도 노력 중이다. 아이들이 책을 읽지 않으면 내가 읽으면 된다. 그림책, 동화책, 육아서 여러 종류를 읽는다. 아이들이 많아 내 시간이 전혀 없다고 불평했던 그 시간에 그림책 한 권이라도 더 본다.

초면인 부산의 어느 선생님이 오픈카톡으로 연락해왔다.

"그림책 읽어 주기, 자녀 독서지도 등 엄마로서 뭔가를 챙기고 싶은데, 어디서부터 어떻게 시작해야 할지 모르겠습니다. 선생님의 강의를 들어보고 싶습니다."

약속을 잡아 줌에서 독서교육 수다를 나누자고 했고, 실제로 줌에서 만났다. 대화를 마칠 때, 한 시간 동안 나눈 이야기에서 나는 한 가지만 강조했다.

"아이의 독서지도 대신 엄마 먼저 책을 즐기세요. 제가 세 아이 좌충우돌 책 육아를 해본 결론은 제가 먼저 책을 즐기는 것 그것 하나뿐입니다."

책을 좋아하는 아이로 키우고자 하는 이유를 나 스스로에게 묻고 따져야 한다. 내 아이가 책을 많이 읽고 결과적으로 성적도 좋기를 바랄지도 모르겠다. 독서 육아를 선택했을 때, 나 또한 성적에 대한 욕심이 있었다. 딸들에게 책 읽기와 더불어 공부를 강조하니, 아이도 나도 기분이 좋지 않았다. 교사 딸이란 부담이 내 아이들에게도 은근히 있었을 터다. 스스로 부담을 느낄지언정 내가 먼저 "선생님 딸이니까 잘해야 한다."는 말은 하지 않았다. 그저 집에서는 휴식하고 뒹굴 수 있도록 분위기를 만들었다.

우리 가족에게 책은 가까이 있다. 최근에는 남편도 거실에 있는 그림책을 꺼내 읽는다. 희수는 나에게 독서 동아리에서 읽고 있는 책 표지와 독후활동 그림을 보여준다. 희진이는《이상한 과자 가게 전천당》시리즈 책을 좋아하고《설민석 한국사 대모험》은 아침 저녁으로 읽는다. 책을 읽으면 용돈을 줄 수 있는지 먼저 제안하기도 한다. 희윤이는《마술연필을 가진 꼬마 곰》시리즈를 읽어달라고 한다. 일상을 채우는 활동의 하나로 책을 읽는다.

책을 읽어서 성적이 좋은 것이 아니라 성적이 좋은 아이가 책도 좋아할 거라는 짐작을 해본다. 책을 좋아하는 아이로 키우고자 했다. 현재 내가 먼저 책을 좋아하려고 한다. 오늘도 나는 중고서점의 책 택배를 받고 그림책을 훑었다.

부모가 책을 즐기자. 이것이 바로 내 아이를 위한 책 읽기다.

3

엄마와 함께하는 독서시간

딸들을 책 좋아하는 아이로 키우기 위해서 '책 구하기', '시간 확보하기', '기록하기' 세 가지에 집중했다.

큰딸 희수는 16개월부터 어린이집에 다녔다. 퇴근하면서 희수를 데려왔다. 저녁밥을 하기 전에 그림책부터 읽어 준다. 희수가 먼저 책을 가져오기도 한다. 거실은 책으로 너더분하다. 정리정돈에 소질이 없지만 문제 될 일도 아니었다.

어린이집에서 고구마 캐기 체험학습을 다녀온 날에는 '고구마' 자연관찰 책을 보여준다. 자연관찰은 모든 글자를 읽어 주진 않고 사진 위주로 대화하듯이 읽어 준다. 어린이집 활동 덕분에 자연관찰을 한 번씩 꺼내볼 수 있었다.

첫째 희수와 셋째 희윤이 유치원은 '문학적 접근법' 프로그램이 있다. '문학적 접근법' 프로그램에 선정된 그림책을 보면 선생님들이 고심한 흔적이 보인다. 한 달에 한 권씩 정한 그림책을 선생님이 읽어 준 후 단어도 찾고, 그림도 그린다. 주간학습에 책 제목이 안내되자마자 책을 대출하거나 구입한다. 표지가 보이는 곳에 책을 둔다. "내가 유치원에서 본 책인데."라고 하면서 먼저 읽어달라고 했다. 유명한 책이고 월별 주제에도 맞는 책이다. 7월에는 《수박이 짠!》, 10월에는 《가을을 만났어요》가 주간학습에 안

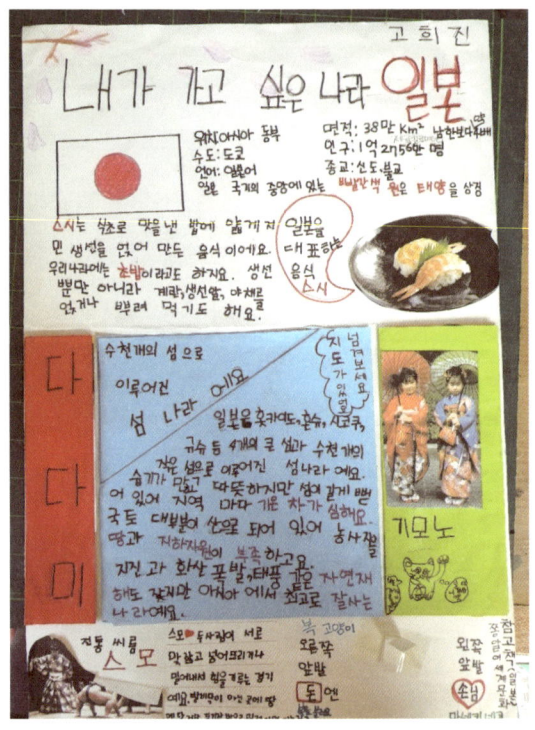

내되었다. 공공도서관에 상호대차 서비스를 이용하여 대출했다.

둘째 희진이가 초등 2학년이었을 때, 세계 여러 나라에 대해 조사 발표하는 과제가 있었다. 인터넷 검색 이전에 나라 책으로 조사학습을 하게끔 했다. 일본에 대해 조사했고 지도, 옷차림, 음식 등을 조사하여 발표 자료를 만들었다. 학교에서 과제가 주어질 때 책으로 해결하도록 도왔다. 혼자 보고서 작성이 쉽지 않았을 때 책을 읽고 중요한 정보를 찾는 과정도 아이와 함께 했다.

책을 읽어 주고 싶으나 실천하지 못한 날도 있다. 그렇다고 해서 나를 탓하지 않는다. 내 아이가 좋아하는 것이 뭘까? 아이를 관찰한다. 블록놀이를 하고 있을 땐 블록놀이와 관련된 생활동화를 찾아본다. 생활동화 전집에서 일상과 맞아떨어지는 책을 발견할 수 있다. 물놀이 책을 읽고 욕실에서 물장난도 해본다. 시각적으로 아이를 끌어당기는 책이 있다. 바로 입체북이다. 비싼 게 흠이긴 하지만, 구입하면 책값 아깝지 않을 만큼 많이 본다. 《600 Black Spots》를 샀다. 펼칠 때마다 희수가 감탄했다. 검은 점을 창의적으로 배치했다. 펼치고 만지면서 파손되었다. 처음엔 아까웠다. 희수도 보고 희진이도 보면 좋은데. 그렇게 생각하니 희수에게 보여주는 것이 조심스러웠다. 안되겠다 싶어 물려주겠다는 생각을 버렸다. 희진이에겐 희진이만의 새 책이 생길 테니까. 희진이는 동화 속 등장인물이 살아나올 것 같은 《이상한 나라의 앨리스》 입체북을 만났다.

　시리즈 책, 작가별 책을 구해서 읽어 주었다. 《무지개 물고기》, 《찰리와 롤라》, 《지원이와 병관이》, 《도서관 생쥐》 등의 시리즈 책을 구입했다. 《구름빵》, 《장수탕 선녀님》의 백희나 작가, 《돼지책》, 《아기가 된 아빠》의 앤서니 브라운, 《지각대장 존》, 《검피 아저씨의 뱃놀이》의 존 버닝햄 등 작가별로 그림책을 읽어 주니 아이들이 작가의 그림 스타일을 구분하기도 한다.

　유아에게 책 한 권 읽어 줄 때, 어느 정도 시간이 필요할까? 산후 조리원에서 집으로 돌아온 후 《아기 초점책》 흑백 병풍 책을 희수 옆에 펼쳐두었다. 병풍 책 펼치는 시간이 내 아이랑 처음 가진 독서시간이다. 나는 펼치기만 했고 아기는 책을 보았다. 읽은 책 목록에 포함시켰다. 그림책 읽어 주는 시간은 빨리 읽어 주면 5분도 걸리지 않는다. 글자 수가 적은 경우에는 더 짧다. 그림도 같이 보여 이런저런 대화 나누는 것도 읽기에 포함시키면 시간은 더 필요하다. 하루 한 권 그림책을 읽어 줄 경우, 10분 정도만 시간을 내어도 충분하다고 생각한다.

　딸들이 초등학교 다닐 때에는 책 읽기 표를 만들어서 벽에 붙였다. 책 읽기 1권 실천했으면 ○를 한다. ○표시하지 않은 날이 많아질 수도 있다. 눈에 띄는 표 덕분에 한 권을 바로 읽어 줄 수도 있다. 누구나 하루가 분주하다. '표'를 활용해 빠뜨리는 걸 줄일 수 있었다. '표'를 처음 만든 사람은 누구인지 칭찬하고 싶다.

　희수와 희진이는 방과 후에 바쁘지 않다. 매일 피아노학원 가는 것 외에는 고정 스케줄이 없다. 초등학교 시절 학교 숙제가 끝나면 놀거나 책장에 보이는 그림책 한두 권 빼서 본다. 엄마가 매번 책 사진을 찍다 보니 읽은 책은 엄마가 볼 수 있게 쌓아둔다.

　코로나19 이후 게임시간이 늘어난 희진. 책 읽기가 뒷전인 날도 있다.
　"희진아, 만약에 게임 1시간 하면 책도 1시간 읽는 게 어때? 책부터 읽고 게임을 하든지."
　비대면 놀이의 방법이라 생각하니 마냥 게임을 못하게 할 수도 없다. 어릴 적부터 책을 강조해서 그런지 책을 먼저 읽으려고 애쓴다. 좋아하는 책은 사달라고 한다. 바로 주문한다.
　한 번씩 어린이책 서평을 써야 할 때에는 희진이에게 한 번 읽어보라고 부탁한다. 엄마를 도와주기 위해 특별히 읽어본다. 나는 책에 대해 자신의 생각을 말해 주는 걸 메모하여 서평 글에 추가한다. 읽을 시간 확보는 연령에 따라 조금씩 다르겠지만, 책 읽기를 우선으로 하는 시간 확보는 필수란 생각이 든다.

　블로그 기록을 하기 위해 책을 읽어 주는 경우도 생겼다. 옆에 있는 책 아무거나 한 권 읽어 준 후 블로그에 기록하기도 했다. 보드북 한 권 보여주고 책등에 스티커도 붙였다. 책 제목을 블로그에 메모했다. '책 보여주기-스티커 붙이기-블로그에 메모하기' 과정은 계속되었다. 읽어 줄 때마다 책등에 스티커를 붙이다 보니 자주 읽어 준 책과 손이 가지 않는 책이 쉽게 구분되었다. 그리고 읽어 준 책을 또 읽어 줄 때가 많았는데, 읽어 준 책 기록에서 제외하려니 누적 권수가 빠르게 늘어나지 않았다. 반복해서 읽은 책도 책 읽어 준 권수에 포함시켰다. 이후 편안한 마음으로 아이가 원하는 책 한 권을 여러 번 읽어 주었다.

블로그 카테고리 수가 많아져서 지금은 유아, 초등, 중학교 책 읽기 정도로 책 읽기 기록 카테고리를 구분해 두었다. '지난 오늘 글'에서 세 자매 독서 기록을 만날 땐 지나간 독서 육아의 장면이 떠오른다.

중3, 4월 어느 날, 희수의 책상에 올려둔 책 두 권을 발견했다. 《내 안의 새는 원하는 곳으로 날아간다》, 《여름이 반짝》이다.

"친구들과 독서동아리에 가입했어. 오늘 원격 수업한 후 1시까지 학교도서관에 갈 거야."

독서동아리에서 학교 책으로 《아몬드》를 읽었는데, 소장하고 싶단다. 몇 년 전 학교바자회에서 《아몬드》를 샀는데, 책장에만 꽂혀 있어서 알라딘 중고서점에 팔았다. 가지고 있을 걸, 후회했다. 새 책으로 주문했다.

"엄마, 나한테 책 한 권 추천해 봐."

내가 초등 5, 6학년 '독서단원'에 대해 고민하고 있을 때였다. 이희정 선생님이 6학년에 읽혔다는 책《달러구트 꿈 백화점》을 건네주었다.

"엄마, 이 책 작가가 어떻게 이런 내용을 만들 수 있는지 너무 대단하다."

《달러구트 꿈백화점 2》를 당일 배송 받을 수 있게 주문했다. 희수는 단숨에 읽고 흥분해서 말했다.

"엄마! 달러구트 두 권 다 읽고 나니, 나는 작가가 되고 싶어."

중3 녀석과 책 이야기를 할 수 있었던 이유는 태어난 후 꾸준히 책을 읽어 주었던 '엄마와 함께하는 독서시간'이 있었기 때문이다.

책 구하기, 시간 확보하기, 기록하기. 세 가지 행동 덕분에 아이들과 독서시간을 가졌고, 지금도 책 읽기는 진행 중이다. 세 딸들의 성향과 나이에 따라 좋아하는 책이 다르다. 아이들에게 책을 우선순위로 생각하고 함께 책을 읽는 경험을 쌓는다. '매일' 책 읽기의 힘이 아이들 성장에 재산이 되리라 믿는다.

4

독서 육아 함께해요

독서 육아를 함께하면 꾸준히 진행할 수 있다. '함께한다'는 뜻을 두 가지로 생각해 보려고 한다. 남편과 아내가 독서 육아에 마음을 맞추어 함께하는 것과 독서 육아 커뮤니티에 합류하여 함께하는 것이다.

'함께한다'의 첫 번째 뜻으로 남편과 아내가 마음을 맞추어 독서 육아하는 것에 대해 내 이야기를 해보고자 한다.

독서 육아를 함께하지 않았을 때에는 힘들었다. 큰딸이 10개월이 되었을 때부터 전집을 많이 구입했다. 단행본 그림책 구입도 멈추지 않았다. 육아서에서 추천한 책이나, 푸름이닷컴 2006년생 강아지띠 방에서 교류하면서 필요하다고 생각한 책 리스트를 알게 되면 최단시간에 주문을 넣었다. 적기(?)에 책을 많이 확보하여 책의 바다에 빠지게 하고, 읽기 독립을 시켜 주겠다는 목표뿐이었다. 우리 아이 책 많이 읽히려다가 책값 때문에 부부 싸움도 많았다. 남편 몰래 책을 산 적도 있다. 웅진 사무실에서 둘째용으로 《준비땅》 전집을 샀다. 친하게 지내는 웅진씽크빅 국장은 책을 사무실로 받아 조금씩 집에 가져가라고 할 정도로 마케팅을 잘하는 사람이었다. 나도 책 구입에 미쳐 있었기 때문에 나는 우수 고객이 되었다. 그렇게 산 전집은 활용이 잘되지 않았다. 숨기기 바빠 제대로 꺼낼 수나 있었을까. 《준비땅》은 오랜 시간이 지나 셋째가 활용했고, 지금은 조카에게 보냈다. 남편은 아직도 모른다.

어느 순간부터 전집을 구입할 때, 남편의 허락을 받았다. 책을 사기 전에 남편에게 책의 정보를 브리핑했다. 설득의 시간이 걸리더라도 책을 사라는 허락이 떨어질 때까지 기다렸다. 허락 받은 즉시 주문했다. 남편 마음 바뀌기 전에.

임대 아파트 21평, 갑갑해 보이던 어느 날, 셋째 소식과 함께 미니멀 라이프를 동경하게 되었다. 신혼 때부터 쓰던 5단 책장 두 개 만큼의 책을 버렸다. 폐지 줍는 할아버지가 기뻐했고, 어느 어린이집 선생님은 돌쟁이용 《아기대통령》 전집을 주워갔다. 그 후 신중하게 책을 선택하고 구입했다. 가득 사 준 전집과 단행본 덕분에 세 딸들이 책을 좋아하는 것은 사실이다. 그러나 남편을 내 편으로 만들지 않고 진행하는 책 육아는 힘들었다.

독서 육아를 함께하였을 때에는 좋았다. 남편이 집안일을 챙기는 편이다. 내가 퇴근하면 아이들에게 책을 읽어 줄 수 있는 시간이 생긴다. 등원 전이나 잠들기 전, 남편이 희윤이에게 책 한 권을 읽어 주기도 한다. 아이가 책을 들고 이야기를 꾸며 읽을 때에도, 한 장면에 대해 자신의 생각을 말할 때에도 아이의 반응을 남편과 나누었다. 책 구입비를 어느 정도 정할 것인가 의논한 후 세 자매 아빠도 책 육아에 적극적으로 지지해 주었다.

'함께한다'의 두 번째 뜻으로 독서 육아 커뮤니티에서 함께했던 내용을 소개하고자 한다.

'우리 아이 책 카페'라는 네이버 카페에서 도전 300권 읽기를 매달 운영한다. 2008년과 2009년 희수가 세 살, 네 살 때 도전한 적이 있었다. 오랜만에 카페에 들어가 보니 현재에도 여섯 가정에서 300권 읽기를 도전하고 있다. 300권 읽기에 합류하기 위해 '독서 방 게시판'을 신청했고, 카페에 '희수 눈빛 따라'라는 공간이 생겼다. 2008년 12월에 도전했을 때에는 150권을 읽어 주었다. 하루 5권 정도이다. 미션은 실패했지만, 함께했던 카페 회원들 덕분에 나도 꾸준히 책을 읽어 줄 수 있었다. 300권을 못 채운 것이 못내 아쉬워 2009년 1월에 한 번 더 도전했다. 324권을 읽어 주어 도전에 성공했다. 성공한 후 카페에서는 독서 상 그림파일을 카페 명예의 전당 코너에 올려주었다. 비록 파일 하나였지만, 함께 도전한 사람들이 서로 선의의 경쟁을 하며 함께 도전했고, 댓글로 서로 축하를 나누었기에 독서 육아 기간 동안 지금껏 기억 날 정도로 의미 있는 일이었다.

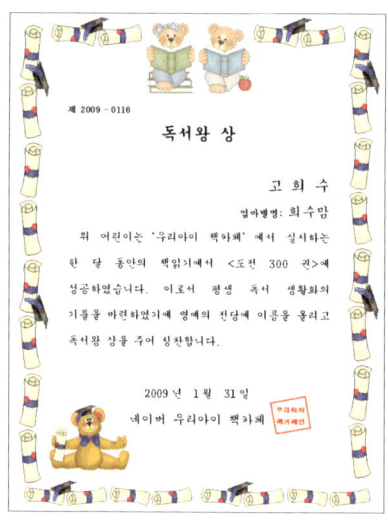

셋째 희윤이를 낳고 산후조리원에서 2주간 지냈다. 옆방에 있던 산모는 유치원 선생님이다. 책 이야기를 하면서 친해졌다. 아들 승훈이에게 사 준 그림책 목록을 내게 알려주기도 했고, 나와 육아서도 같이 읽고 카톡이나 전화로 수다 나누기도 한다. 내가 '책 육아'를 잠시 멈추고 있을 땐 승훈이 엄마가 아들에게 읽어 준 책 내용을 들려준다. 아이의 책 반응과 함께. 덕분에 알게 된 책을 구입하여 희윤이에게 읽어 주며 '책 육아'를 이어가고 있다.

승훈이 엄마도 나도 그림책을 좋아한다. 그러나 좋아하는 그림책 작가나 책 고르는 취향은 조금 다르다. 내가 모르고 있던 책 정보를 전해 주어서 《뽕가맨》, 《판다 목욕탕》, 《공룡 엑스레이》는 지금도 잘 보고 있다. 독서 육아 커뮤니티 덕분에 꾸준히 책 육아의 길을 가고 있다.

셋째를 중심으로 하여 이웃과 함께 독서 육아 모임을 운영해 보고 싶다. 연령별로 읽어 준 책 목록을 공유하고, 책을 소개하는 모임을 꿈꾼다. 아이들과도 같이 교류하면 금상첨화다.

독서 육아에 대해 서로 정보를 나누기 위해서는 '비교하는 마음'을 경계해야 한다. 내 아이가 좋아하는 책과 이웃 아이가 좋아하는 책이 다르다. 내 아이가 읽는 책의 쪽수가 남 보다 적을 수도 있다. 매일 읽어 줄 수도 있고, 상황에 따라 며칠 읽어 주지 못할 수도 있다. 비교하는 마음을 품으면 부모가 지칠지도 모른다. 독서 육아 모임의 목적은 작심삼일 방지다. 꾸준히 책 육아를 할 수 있는 동력이다. 더 나아가 책 육아로 인해 부모가 책에 더 빠져들 수도 있다. 인생 그림책을 만나게 될지도 모른다. 내가 도서관 업무를 맡아서 내 삶에 책이 들어온 것처럼 말이다.

비교하는 마음을 버리자. 책이 좋아서 책 내용을 자랑할 수 있는 모임으로 함께하자. 함께하면 멀리 간다.

5
공공도서관을
자녀들 서재처럼 사용하라

　전집을 많이 구입한 것을 후회한다. 전집을 구입하지 않고도 '책 육아'를 할 수 있었다. 책으로 아이들을 키우는 푸름이 교육법을 따라한다는 것이 책 구입하는 행위만 따라한 것은 아닌지. 푸름이 교육법의 정신이나 취지를 공부하고 받아들이는 대신 책만 샀다. 인정하기까지 시간이 걸렸다. 내 아이를 위한 독서교육에서 전집 구입은 줄이고 단행본을 많이 활용했으면 어땠을까. 전집은 도서관에서 빌려 봤으면 어땠을까. 책을 사는 권수는 최소화하고 《캐리어 책육아》의 저자처럼 도서관 책을 대출하는 방법으로 공공도서관을 활용해 보고자 한다.

　한 질, 두 질 구입한 전집이 자꾸 늘어났다. 방문 판매, 전집 매장, 인터넷 중고 등 구할 수 있는 방법을 다 동원했다. 아이가 잘

본 책도 있고, 한 번도 보지 않았던 책도 있다. 아이가 읽지 않으면 내가 읽어야지 하는 마음으로 책을 매번 구입했다. 소장 책 중에 실제로 읽어보지 않은 전집이 많다.

2021년 8월, 매일경제신문을 읽었다. '엄마 욕심 아닌가요? … 코로나에 책 육아 뜬다는데 정작 아이는'이라는 기사 제목에 나는 빨려들었다. 내 이야기인 줄 알았다. 한참 전집을 구입할 때에는 '독서 육아'하는 다른 집에 비해 전집 권수가 적게만 느껴졌다. 영역별로 골고루 갖추도록 했고, 자연관찰 영역은 출판사별로 구입했다. 최대한 많은 동식물을 담았으면 했기에. 무당벌레만 열심히 봤나 보다. 출판사별 무당벌레 책을 모아보려고 구입한 자연관찰 전집은 몇 질이나 될까. 명작동화, 전래동화도 출판사별로 모았다. 더 이상 책 꽂을 곳이 없었다.

자연관찰 한 질, 명작과 전래도 한 질씩 친구에게 보냈다. 과학동화 전집은 옆 반 선생님에게 보냈다. 내가 준 책 덕분에 선생님 아이들이 책을 다시 본다며 좋아했다. 다른 집 아이들이 내 책 가져가서 잘 읽는 것에 배가 아프다. 내 아이가 10% 정도 읽은 책을 다른 집에 보내고 나니 투자한 책값이 아깝게 느껴졌다. 다시는 목돈 들여 책을 사지 않겠다고 다짐했다. 인심 쓰듯 책을 나누어 준 후 며칠이 지나자 새로 나온 전집 목록을 찾아보고 언제 구입하나 또 다시 고민했다.

셋째가 태어난 후에는 지역 엄마들 카페와 개똥이네 서점에서 중고 책 세 질을 구입했다. 그리고 중고로 찾을 수 없었던 《도레미 곰》 전집은 새 책으로 샀다. 첫째와 둘째 어릴 때 구입한 책이 여전히 많다. 이사를 하면서 5단 책장 8개와 2단, 3단 책꽂이가 10개다. 포장이사 10톤, 230만 원 견적이 나왔다. 낡은 책, 읽지 않는 책을 버려야 하나 고민했다. "이사 견적보다 책값이 더 비싼 데 버리면 안 되지." 남편의 말 덕분에 위로가 되었다.

책값을 아끼지 않았던 까닭은 나의 책 소유욕 때문이었다. 배송되어 왔을 때의 벅찬 감동, 책을 4면에 쌓고 싶었던 마음 때문에 책값을 과하게 지출했다. 절제하지 못했다. 물론 책은 사야 한다. 그러나 도서관 책을 함께 보고 아이가 소장하고 싶어 하는 책 위주로 구입했으면 어땠을까 후회한다. 집도 빨리 사고 이사비용도 줄이지 않았을까?

함께 근무했던 김문정 사서교사는 학교도서관 수서작업을 할 때 전집을 많이 사려고 애쓴다.

"공공도서관에서 전집을 사 놓아야 해요. 전집을 구입할 수 없는 가정에서 활용할 수 있어야 하니까요. 그것이 도서관의 역할이라 생각해요."

집 근처 작은 도서관 사서는 책을 매번 구입하면 짐이 되니 도서관에서 빌려보라고 한다. 도서관에 전집을 사 두면 여러 아이들이 함께 보기 때문에 책값이 아깝지는 않을 것 같다.

16년째 육아 기간 동안 책을 많이 샀기에 막내도 사둔 전집 책을 활용한다. 첫째와 둘째의 손이 가지 않았던 책을 막내가 보니 좋으면서도 미리 사서 먼지 묻은 책을 주려니 미안하다. 세 아이 다 보게 하기 위해 책을 살 것이 아니라, 처음부터 책을 적게 구입했다면 집에 있는 책은 모두 귀한 대접을 받지 않았을까.

공공도서관을 활용하여 책 육아하는 습관을 길러야겠다. 도서관 방문도 습관이고 행동이다. 김해에 공공도서관이 많다. 작은 도서관도 곳곳에 있다. 상호대차 서비스를 이용하면 아파트 앞 작은 도서관으로 책이 배송된다. 안내 문자를 받고 책을 찾으러 간다. 가족회원으로 등록이 되어 있다. 혼자 도서관에 가더라도 5인 가족이라 35권까지 대출 가능하다. 시청이 관리하는 공공도서관 외에도 '김해지혜의바다'와 '김해도서관'은 교육청 관할 도서관이다. 조금만 더 부지런히 움직이면 된다.

상호대차 서비스로 예약한 《가을을 만났어요》 도착 알람이 왔다. 막내 유치원 '문학적 접근법' 활동 책이다. 희수가 유치원 다닐 때, 유치원 수업에 활용하고 있는 책은 전부 구입했다. 요즘은 유치원에서 소개해 준 책을 거의 구입하지 않았다.

퇴근 길, 근처 작은 도서관에 갔다. 추가로 초등 2학년 국어 수록도서인 《불가사리를 기억해》도 빌렸다. 빌려보는 습관을 가지려고 애쓰고 있다. 인터넷 서점 장바구니를 여러 번 기웃거리지만, 공공도서관에 책이 소장되어 있는지, 희망 신청을 하면 되는지를 먼저 살펴보려고 노력한다. 독서 육아를 위해 읽어 줄 책을 많이 장만하면 책이 손닿는 곳에 있어서 편리할 수도 있지만, 무조건 구입할 필요는 없다. 책의 소장 권수와 아이들 독서력은 정비례하지 않는다.

아이들을 위해 가정에 영역별 책을 소장한다고 애쓰지만, 도서관에 등록된 책 권수만큼 확보할 수는 없다. '김해 행복한 책 읽기 저자 초청 교사 연수'에서 백화현 선생님은 도서관 활용을 강조했다. 북미와 북유럽의 독서교육은 '중요한' 것이 아니라 '가장 중요한' 것이었고, '도서관과 함께하는 것'이라고 했다. 도서관에서 자료 조사하는 것부터 교육의 시발점이며, 자료를 찾고 토론하고 쓰는 활동을 통해 평생 학습력을 기르도록 하는 것이 독서교육이라고 했다.

책을 사서 읽히던 습관에서 조금 벗어나니 도서관 공지사항도 살피게 되었다. 공공도서관 공지사항을 읽고 활용하면 무료로 유료 이상의 가치를 얻을 수 있다. 김해지혜의바다 도서관 온라인

북토크에서 김종원 작가를 만났다. 책도 선물 받고 문해력에 대한 강의도 들었다. 김종원 작가는 강의 마무리를 할 때 다음과 같이 말했다.

"아이가 책을 읽지 않는 것을 걱정하지 말고 아이가 당신을 바라보는 것을 걱정해라."

도서관을 서재처럼 활용하다 보면 아이는 도서관을 통해, 도서관을 활용하는 부모를 통해 배움이 일어날 것이다.

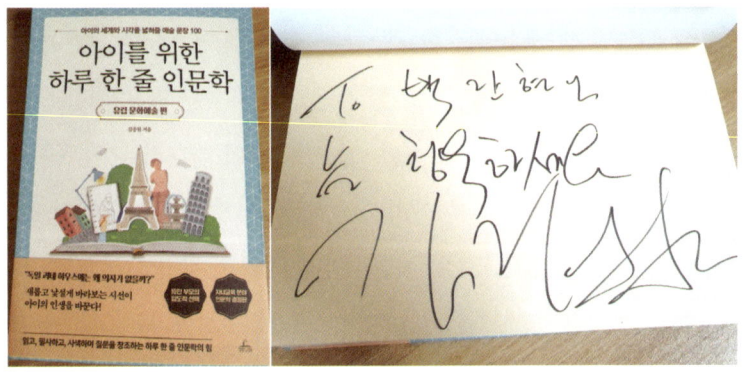

6

내 아이 독서 상 타게 한 경험

"상장, 제2019-0123호, LQ 추천도서 다독상 최우수 3학년 5반 고희진. 위 학생은 평소 LQ 추천도서를 많이 읽고…."

주말마다 김해 기적의도서관에 갔다. 희진이와 나는 그림책과 가까운 자리에 가방을 내려놓았다. 학교에서 공지한 독서력(LQ) 지수별 도서목록을 보고 그림책을 찾아 탑처럼 쌓았다. 희진이는 한 권씩 읽고 학교 독서록에 책 제목을 기록했다. 독후활동 페이지에는 인상 깊은 장면을 그리거나 마음에 드는 문장을 베껴 썼다. 느낌도 한 줄 추가했다. 책이 필요하면 한 치의 망설임도 없이 주문했던 내가 도서관을 활용하기 시작했다.

주석초 교장선생님은 독서 습관과 독서력을 강조했다. 전교생

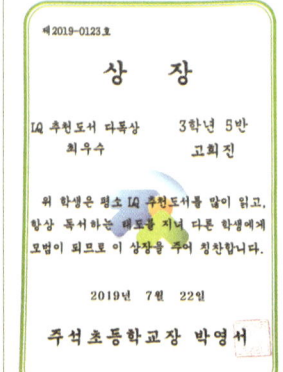 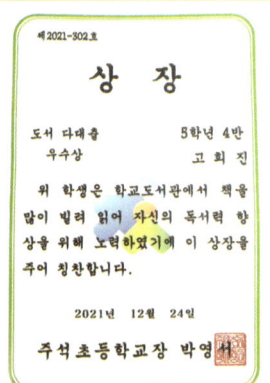 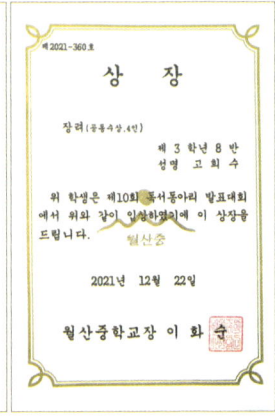

에게 개인 독서대를 하나씩 배부할 정도다. 교장선생님은 전교생들의 독서력을 키우기 위해 세 가지 일을 진행했다. 우선 전교생 대상 독서력 지수 검사를 했다. 그다음 독서력 지수에 따른 책을 구입했다. 마지막으로 LQ 상을 만들었다. 그동안 학교도서관 다대출자 상은 있었으나 독서록 상은 없었다. 독서록에는 LQ 도서 목록 외에도 내가 읽은 책을 기록할 수 있다. 독서록 한 권을 다 쓴 학생은 독서록 상, 독서록에 LQ 목록을 읽고 가장 많이 기록한 학생은 LQ 상을 받는다. 알림장에 공지가 떴다. 기회다. 상이 처음 생겼을 때 도전해야 한다. 참가자 수가 적어서 상을 받았던 '가족합창대회상' 덕분에 얻은 지혜다.

"희진아 LQ 상 도전해 볼까?"

"어떻게 하는 건데?"

"학교 독서록에 LQ 책만 기록하는 거지. 한 권 전체로. 그러면 상을 받을 수 있을 것 같은데."

"다른 애들이 그렇게 하면 나는 못 받잖아."

"LQ 상 처음 생겨서 왠지 가능할 것 같아. LQ 책만 독서록 한 권에 다 쓴다면 네가 1등이지. 독서록 상과 LQ 상 나누어서 상 주잖아. 아마 이번에 상 주고 나면 LQ 상은 없어질지도 몰라. 지금이 기회야."

희진이는 다행히 내 말을 잘 따라주었다. 혹시라도 열심히 책 읽고 기록했는데, 희진이가 상을 못 받을 수도 있다.

"희진아, 만약에 교장선생님 상을 못 받게 되면 엄마가 선물 사 줄 테니까 걱정 마."

"엄마, 교장선생님 상 받아도 엄마 선물도 사 주면 안 돼?"

독서록에 LQ 책만 읽고 기록했다. 원래 상의 취지는 희진이의 지수 420점에 맞게 책을 꺼내 읽어야 한다. 400~500점 범위에서 읽기 시작하여 점점 높은 지수의 책을 읽기 위해 도전해야 한다. 그러나 아이들 LQ 점수와 LQ 도서를 일일이 대조할 수 없다. 그리고 LQ 점수가 높은 아이랑 낮은 아이에 대해 단순히 권수로만 수상자를 비교하기엔 무리가 있다. 책의 두께가 다르기 때문이다. 그래서 나는 LQ 다독을 선택했다. 낮은 LQ 도서라도 읽히고 기록하게 했다. 한 번 시상해 보면 운영과정에서의 보완할 점이 생기기 마련이다.

희진이는 책 읽는 것은 재밌지만, 독서록 기록을 중간에 포기하고 싶어 했다. 열 권 더 기록하자며 달랬다. 한 권 모자라서 상을 못 타면 아까울지도 모른다면서 책 더 읽고 기록하자고 토닥였다. 나의 관리(?) 안에서 희진이는 한 권씩 꼼꼼히 읽었다.

희진이는 학교 독서록에 LQ책 만으로 153권을 기록했다. 희진이보다 더 많이 읽은 태준이가 있었다. 180권이다. 이 친구는 독서록 상에 1등으로 정해졌고, 희진이는 LQ 상 학년 1등이 되었다. 방송실에서 교장선생님께 직접 상을 받았다.

상장을 받아온 희진이는 선물을 주문해 달라고 했다. 이후에도 주말마다 김해 기적의도서관에 갔다. 도서관에서 여름방학 프로그램으로 영화도 보고 레크리에이션 게임도 즐겼다. 나는 나대로 막내를 남편에게 맡기고 도서관에서의 자유시간을 즐겼고, 희진이는 희진이 대로 엄마를 독차지해서인지 표정이 밝았다.

독서 상 덕분에 희진이는 집에 가지고 있던 그림책도 다시 읽었다. 도서관을 가깝게 여기는 기회도 가졌다. 근처 작은 도서관의 독서교실 과학실험 프로그램에도 매주 참여하였다.

독서 상을 받았다고 해서 아이의 독서지도를 잘했다고 보기는 어렵지만, 나 스스로 아이에게 좋은 경험을 해준 것 같았다. 희진이 독서 상 받은 걸 동료 선생님들에게 자랑했다.

"희진이가 받을 상이 아니고 엄마가 받아야 할 상이네."

평소에 독서록을 강조해 본 적이 없다. 새로 생긴 상 덕분에 희진이도 독서록에 정성을 들였다.

독서 상에 정답은 없다. 책 읽은 결과를 수치화하여 상을 준다는 것 자체가 말이 될까? 그래서 상이 생기도 하고 사라지기도 한다. 희진이 학교에서는 가을 독서학예행사를 한다고 안내를 했다. 작년엔 없었던 행사다. 5학년 추천 도서목록과 독서행사 방법에 대한 안내가 있었다. 상도 준다고 한다.

2년 전처럼 도전할 수 있을까?

"희진아, 독서 행사하네. 악플 전쟁 읽고 감상문 써 볼래?"

《악플 전쟁》. 내가 5학년 선생님 대상 독서교육 강의하느라 내 교실에 두고 활용했던 책이다. 희진이는 자기 책을 왜 엄마 학교에 가져갔냐며 아까워했다. 새것으로 다시 주문해 줬다. 희진이는 《악플 전쟁》을 세 번 읽었다. 그래도 독서행사에 대한 부담은 이해된다.

독서행사가 희진이의 독서 습관에 좋은 영향을 줄 수 있다면 설득해야 한다. 사춘기에 접어든 희진이와 대화가 잘될지는 모르겠다. 고민 좀 해봐야겠다.

.

이 글을 검토했던 크리스마스이브, 희진이는 무심코 종이 한 장을 나에게 건넸다. 학교도서관에서 책을 많이 대출한 학생들 몇 명에게 주는 학교장 상이었다. 책을 좋아한다는 사실만은 증명된 듯하다.

중3 희수는 독서동아리 발표대회에서 장려상을 받았다. 누가 시키지 않았지만, 친구들과 어울려 독서동아리 활동을 해낸 희수도 책을 친구로 생각하는 것만은 분명하다.

목표를 두고 '몰입'해 본 적이 있는가? '독서 상'이라는 목표 덕분에 몇 달간 '몰입'을 경험했다. 살아가면서 무언가에 집중하는 힘은 재산이라고 생각한다. 희진이가 독서록에 한 권씩 차곡차곡 쌓은 것처럼, 나 또한 목표를 세우고 하나씩 진행해 보려고 한다. 아이의 독서 상을 통해 나의 독서 상을 기대해 본다. 일주일, 한 달, 3개월, 6개월 등 일정 기간을 정하여 독서기록을 쌓자. 그리고 내가 나에게 독서 상을 주자.

7
세 자매 읽은 책 목록은 블로그에

   아이들이 읽은 책을 사진 찍어 SNS에 기록하면 독서 육아를 꾸준히 할 수 있다.

   큰딸 희수가 두 돌이 될 때까지는 책을 읽어 주어도 기록하지 않았다. 내가 방학을 했을 때에는 희수에게 하루 열 권씩 읽어 준 적이 있다. 내가 학기 중 출근했을 때에는 하루에 한 권도 읽어 주지 않았을 때가 많다. 기록에 서툴렀던 시기에는 나만의 카페에 읽어 준 책 제목을 끼적인 때도 있었다. 2008년 가을부터 블로그 기록을 시작하면서 두 돌까지 읽어 준 목록을 소급하여 포스팅했다. 읽어 준 권수가 많지 않고 다양하지도 않았다. 동생이 태어나지 않았을 네 살까지 블로그에 읽어 준 책을 기록하면서 육아일기도 함께 기록했다. 글을 쓰는 게 서툰 시기였지만, 독서 육아에 대한 기록은 지금껏 소중하게 남아 있다.

세 자매들이 읽은 책을 블로그에 꾸준히 기록하면서 독서 육아도 지속할 수 있었다. 무엇보다도 육아 기록이 쌓이는 것을 보며 엄마로서 독서 습관 한 가지는 길러 주는 것 같았다. 독서 육아 덕분에 출산휴가 이후 육아휴직을 하지 않고 직장에 나간 것에 대한 미안함도 조금 덜 수 있었다. 독서기록 블로그 포스팅 덕분에 나의 일상도 기록하는 습관을 가지게 되었다. 세 자매들과의 일상과 독서기록을 넘어 교사로서의 학교생활과 나의 개인적인 생활까지 기록했다.

독서 육아하는 부모들마다 포스팅 방법은 다르겠지만, 내가 실천하고 있는 방법을 소개해 보려고 한다.

첫째, 포스팅할 때 생후 개월과 날짜를 기록하였다. 자매끼리 월령이나 연령에 자주 읽었던 책을 비교할 수 있다. 이 글을 쓰는 현재 막내 희윤이는 60개월, 만 5세가 되었다. 언니들이 60개월에 어떤 종류의 책을 읽었는지 검색하여 찾아보면 희윤이에게 읽어 줄 책을 정하기 한결 수월하다.

둘째, 누적 권수를 기록하였다. 생후 몇 권을 읽어 주었는지 확인이 가능하다. 큰딸만 키웠던 블로그 기록 초반에는 누적 권수를 알기 위해 책 리스트 앞에 번호를 붙였다. 같은 책을 반복 읽은 수만큼 번호도 추가한다. 한두 페이지에 꽂혀 한참 대화를 하기도 하는데, 다 읽지 않아도 읽어 준 책으로 기록한다. 이 부분은 독서 육아를 지속적으로 하기 위한 방법이다. 읽어 준 책 누적 기록이 늘어나면 부모들도 흥이 나지 않겠는가.

둘째 희진이가 태어나서 두 아이의 독서 기록을 해야 할 때에는 한 명 키울 때보다 꼼꼼하게 정리하기는 쉽지 않았다. 희진이는 읽어 준 책마다 누적 번호를 붙이기보다는 찍어둔 사진에서 책의 권수를 누계하여 포스팅 제목에 기록했다. 어제까지 생후 500권을 읽었고 오늘 5권을 읽었다면, 포스팅 제목에 아이의 개월 수와 오늘 날짜를 기록한 후 501~505 라고 번호를 붙이는 것이다.

셋째 희윤이가 태어난 후에는 생후 몇 권을 읽어 주었는지는 누계하는 방법은 생략했다. 읽어 준 책 권수를 세어 본다면 한 달 단위로 세워 보는 것도 좋은 방법이다. 첫째와 둘째를 키울 때 생후 몇 권을 읽어 주었는지 기록은 초등학교 입학 전까지만 해두었다. 읽어 준 책 권수를 세어 본다면 조금 더 적극적으로 아이에게 책을 읽어 줄 수 있지 않을까.

셋째, 스마트폰 갤러리를 활용하여 읽어 준 책을 기억하였다가 포스팅했다. 스마트폰 갤러리에는 '001 희수 읽은 책, 002 희진 읽은 책, 003 희윤 읽은 책'으로 폴더 명을 만들어 갤러리에서 상단에 보이도록 해두었다. 책사진만 찍어두면 무슨 사진인지 분간할 수 없다. 같은 책을 둘이 읽어도 아이별 카테고리에 포스팅을 하고 있으므로 같은 책을 두 번 사진 찍어 아이별 갤러리 폴더에 둔다. 2주에 한 번이나, 한 달에 한 번 책 사진을 하나의 포스팅에 담는다. 물론 시간이 여유 있을 경우, 매일 블로그에 글을 올리면 아이의 책 반응도 바로 기록할 수 있어서 좋다. 특별히 아이가 책에 대한 감상을 말했으나 내가 바로 블로그 기록을 못할 경우도 있다. 책 사진을 찍은 후 사진 자체에 글자를 넣어 기억하려고 애썼다. 아이의 책에 대한 반응을 놓치고 싶지 않기 때문이다.

블로그 독서 육아 카테고리 팁 하나 알려주려고 한다. 자녀의 성장에 따라 나이별로 카테고리를 나누는 것도 좋은 방법이라 생각한다. 그러나 나처럼 자녀가 많을 경우에는 유아, 초등, 중학생으로 카테고리를 단순하게 해두는 것도 괜찮다. 나의 경우, 세 자매 모두 나이별로 카테고리를 가득 만들었다가 하루 날 잡아 글 이동을 하여 카테고리를 줄였다.

둘째를 임신했을 때 큰딸에게 읽어 준 책 독서기록을 하면서 둘째 태교 독서 카테고리에 복사하여 붙여둔 기억이 생생하다. 한 번 읽어주고 두 공간에 기록하며 기록의 재미를 느꼈다. 블로그에 지난 오늘 글을 읽을 때마다 몇 년 전으로 여행을 가는 기분이다. 내 기억은 가물가물하지만 블로그 기록은 생생하다. 아이가 어릴 때, 특히 유아일 때 책을 많이 읽어 주고 독서기록도 많이 쌓기를 권한다. 중3, 초5 독서기록이 뜸하다. 수시로 읽긴 하는데 엄마에게 읽은 책을 일일이 알려주진 않기 때문이다. 태교부터 초등 저학년까지 기록에 집중하길 권한다. 막내에게 매일 책을 읽어 주기 위해 기록을 한다.

아이들의 책 목록을 기록하기 위해 시작한 블로그였지만, 코로나19로 인한 개학연기 기간부터 교단일지를 비공개로 기록하고 있다. 이 기록 덕분에 매일 내가 챙기고 있는 일에 대해 한눈에 알 수 있었다. 교단일지 내용 중에 일부분은 공개 교단일기를 쓴다. 기록하는 습관은 일을 빠뜨리지 않게 돕는다. SNS에 기록하길 권한다. 행동하기 위해 기록하고 기록을 위해 행동한다.

(30개월 13일) 2009년 5월 6일 - 200905 - 누적 5/5권

엄마는 게으르다. 집에 돌아오면 TV를 친구삼아 드라마 두 가지를 본다. 희수는 TV 보는 엄마가 싫은가 보다. 나도 마찬가지다. 내 자신이 TV를 이렇게 좋아할지 내 스스로도 몰랐던 일…. TV없이 2000년부터 2009년 설 전날까지 살아왔다. 스스로 뿌듯하게 생각했던 일…. 그러나 2009년 설날에 깨어지기 시작했다. 시부모님께서 설 연휴에 오시면서 TV를 구입해 주셨다. 큰 TV는 아니지만 TV 없이 살아온 세월을 생각하면 큰 선물을 받은 셈. 희수가 핏줄책(명꼬자연-우리몸)을 들고와서 읽어달랜다. CNTV의 장희빈을 열심히 보고 있는 중이라서 건성으로 책장을 넘기면서 희수에게 책을 보여주니,

"엄마, 책 들고 읽어 줘야지." 희수는 자리에서 일어나더니 리모콘을 찾아서 TV를 끈다.

2240. 명꼬자연 - 우리 몸

2241. 푸름이달님 - 나비가 된 코끼리

2242. 그림책이 좋아좋아 - 종합병원에 가요(5반 언니가 준 책)

2243. 그림책이 좋아 - 가지가지 달걀

2244. 그림책이 좋아 - 나처럼 해봐요!

8
학년별 권장 도서목록은 없다

　학년별 '독서경진대회'를 개최한다. 대회를 위해 책 10권을 정해야 한다. 2학년 목록 10권에 우리 반 목록 5권을 추가해서 공지했다. 책 선택의 폭을 넓혀주기 위해서다. 그림 실력도 심사기준에 포함되리라 예상된다. 장면 그림을 그리고 발표하는 경험을 통해 책에 더 관심 가지길 바랄 뿐이다.

　'독서경진대회' 당일, 2학년 우리 반 목록 15권 중에서도 고르지 못한 학생들은 독서 감상화 그림 그리기를 시작하지 못했다. 대회 공지를 할 때 사전에 집에서 그림 연습을 해와도 된다고 안내했다. 그런데 실제 대회를 열어보니 책 장면 그림을 연습해 온 학생들은 서너 명뿐이었다. 대회 공정성 때문에 가만히 있는 아이들 중에 누구는 내가 그림책을 추천하고, 누구는 해주지 않으면 안 될 것 같았다. 학급 당일 대회가 사전 준비를 안 한 아이들에게 독서교육 면에서 어느 정도 도움이 될까 의문을 가져보았다. 대회 시간 동안 멍하게 있는 아이들에게 공지한 책 말고 원하는 책으로 독서 감상화를 그리도록 안내했다. 반에서 1명 뽑는 심사에 제외돼도 좋다는 듯 너도나도 원하는 그림책으로 골라서 자기 자리로 들어갔다.

비룡소 초등 5, 6학년 책 추천 영상에서 최고봉 선생님이 《미스 손탁》을 추천했다. 희수에게 이 책을 추천했다. 희수는 《미스 손탁》 대신 고등학교 국어공부에 도움이 되는 문학을 읽을 예정이라고 말했다.
"우리 담임선생님이 고등학생 되면 책 읽을 시간이 없데. 수능에 나오는 문학책을 중3때 미리 읽어주래."
선생님 덕분에 문학책을 읽겠다는 소식이 반갑다. 국어 성적에 얽매이지 말고 이야기에 푹 빠져 문학의 재미를 느끼길 바란다.

희진이가 소속된 5학년에서는 '교내 독서행사'를 위한 추천 도서목록 100권을 공지했다. 100권 중에 한 권을 읽고 독서 감상문 A4용지 1~2장을 써야 한다. 책 선택의 폭을 넓히기 위해 100권 목록을 공지했으리라 예상한다. 100권 중에는 《수상한 화장실》, 《니 꿈은 뭐이가?》, 《바꿔!》 등 희진이가 읽은 책도 있다. 《악플 전쟁》, 《푸른 사자 와니니》처럼 두 권씩 소장한 책도 있다. 희진이가 대회에 상장과 상관없이 적극적으로 참여하여 책 이야기를 써 주면 좋겠다.

비룡소에서 책을 추천하는 영상을 찍을 때, 출연 선생님은 어떠한 기준으로 책을 선정했을까? 독서대회용 도서 목록을 뽑는 기준은 무엇이었을까? 학생들이 재미있어 하는가, 학생들에게 교훈을 줄 수 있는가 등의 기준이라 예상한다. 무엇보다도 목록 담당 교사들에게 재미와 감동이 있어야 할 것 같다. 책 목록을 뽑을 때 교사의 주관적 판단이 도서목록에 영향을 준다.

초등학교 2학년 교사 대상 '독서교육 컨설팅' 강의를 했다. 그림책 스무 권쯤 보여 주었다. 책 선정은 당연히 내가 했다. 내가 읽어 본 후 나에게 의미가 있었던 그림책을 2학년 선생님들에게 권장 도서목록으로 추천했다. 내가 구입하여 셋째와 같이 읽은 책도 포함되어 있다.

그림책 큐레이터 강의를 들었다. 그림책의 미술적 특징인 선, 여백, 모양에 대하여 설명을 들을 때 김연옥 선생님은 《비 오니까 참 좋다》, 《오누이 이야기》 등을 읽어 주었다. 선생님은 '내가 사랑하는 그림책 100選' 목록도 전해주었다. 소개 목록을 대출하여 읽어 보았다. 그리고 내 아이에게 보여줄 책을 선택하여 주문했다. 다른 사람이 정한 목록이지만, 내가 읽고 내 아이만의 권장 목록을 만드는 셈이다.

    2011년《초등 고전읽기 혁명》을 처음 읽은 후 3년 동안 초등 고전 선정 목록에 푹 빠져 있었다. 1학년부터 6학년까지 선정 목록을 구입했다. 그리고 학년별 라벨을 붙여 내 방에 가지런히 두었다. 2012년에는 이웃들과 선정 목록 한두 권을 읽었다. 2013년에 고전읽기를 학급특색으로 정하고 독서교육을 강조하였다. 한 달에 한 권씩 책을 구입해 오도록 해서 함께 읽었다.《비밀의 화원》이 대표적이다.

    큰딸이 초등학교에 입학했을 때, 1학년 선정목록《호두까기 인형》을 읽어 주었다. 읽어 주는 나도, 희수도 내용을 어려워했다. 몇 쪽 읽다가 그만두었다. 내 아이에게 고전을 읽히고 싶은 데 엄두가 나지 않았다. 학교에서 나는 5학년을 맡고 있었기에 5학년 선정목록을 아이들과 한 권씩 읽어 보았다. 내용이 어려웠다. 3학년 선정 목록《톰 소여의 모험》을 학생들과 읽으니 어느 정도 이해가 되었다.《톰 소여의 모험》이 3학년용으로 적혀 있었지만 5학년이 읽어도 무방했다.

    인디고 출판사의 고전은 고급 수첩처럼 디자인되어 있어 전권을 다 소장하고 싶다.《키다리 아저씨》를 읽어 본 후 내가 낭독하는 시간이 좋아서 2학년 친구들에게 읽어 준 적 있다. 아이들에게는 고학년이 되어 다시 읽어 보라고 권했다. 2학년 친구들 중 몇 명은 책이 재미있다고 구입해서 교실에 가지고 왔다. 내가 읽어 주면 페이지를 따라 눈으로 함께 읽었다. 같은 학년이지만 같은 책을 읽히는 것은 어렵다. 경험이나 배경지식이 다르기 때문이다.

코로나19로 인한 개학 연기기간에 5학년 부장을 맡았다. 나에게 맡겨진 5학년 학생들을 위해 개학 연기기간 가정학습 계획서를 만들었다. 계획서 안에는 독서도 포함되었다. 옆 반 학생은 내가 만든 권장목록을 몽땅 구입했다고 자랑했다. 부모의 열정도 나만큼 대단하다는 생각이 들었다. 도서목록을 만들 때 신중해야겠다고 생각했다. 일률적인 권장 목록 대신 아이별 맞춤 목록으로 독서교육을 진행해 보고 싶다.

내 아이를 위한 권장 도서목록은 내가 읽어 본 후 정한다. 내 아이를 위한 북큐레이션이다. 학교에서 공지한 목록이 있다면 먼저 책을 훑어본다. 학년별 권장 도서목록도, 내 아이를 위한 도서목록도 내가 먼저 읽어 본다. 읽고 책 내용을 간략하게 소개한다. 읽고 말고는 아이들의 선택이지만 나 먼저 읽기에 공을 들인다.

책을 먼저 읽어 본 후 내 아이에게 권하자. 다른 사람들이 만든 권장 도서목록은 부모가 사전에 읽고 검토해야 하는 목록으로 여기길 권한다.

학년별 권장 도서목록은 없다. 권장 도서목록을 찾고 있는 당신, 당신 아이만의 목록을 만들자!

제4장

학급 독서교육, 차별화를 가져라

1
나부터 먼저 보여 주는 교육

　학교 출근과 육아 출근을 번갈아했다. 나를 챙길 수 있는 여유가 전혀 없었다. 퇴근 후 30분이라도 더 일하고 싶었다. 어린이집 차량시간 때문에 일거리를 가지고 퇴근했다. 집으로 가져간 일을 마무리하지 못한 채 그대로 들고 출근할 때 한숨이 나왔다. 육아시간을 사용하여 다른 선생님들보다 1시간 일찍 퇴근했다. 그러나 육아시간 대신 근무시간을 원했다. 나에게 일할 시간이 더 생기길 원했다. 셋째 희윤이는 엄마가 집에 오는 시간을 맞추느라 원생들 중에 가장 늦게 어린이집 차에서 내렸다. "란현이는 무슨 낙으로 사노?"라고 옆 반 선생님이 물을 정도로 나는 지쳐 있었다.

　책에서 멘토를 만난 후 내 삶에 변화가 시작되었다. 나를 위한 시간을 가지기 위해 주말에는 도서관에 갔다. 반납대에서 우연히 잡은 책《독서교육 콘서트》가 지친 나를 일깨웠다. 김진수 선생님은 책을 통해 학급을 공개했다. '독서 전'과 '독서 후'의 삶도 보여주었다. 승진과 관계없이 교육에 정성을 들였다. 선생님은 독자인 나에게 학급운영과 학급 독서교육을 보여 주었다. 교사로서의 책임과 소명이 보였다. 따라하고 싶었다. 블로그 글을 읽으며 학급에도 몇 가지 적용해 보았다. 선생님의 블로그 검색 창에서 학급운영 관련 키워드를 입력했다. 학급에 적용한 독서법, 5분 청소, 미술 활동, 학급행사 등을 베껴서 사용했다.

2020년 8월, 김진수 선생님이 운영하는 100일간 33권 읽기 모임에 참여했다. 추천도서와 내가 읽고 싶은 책 중에서 33권을 읽으면 33,000원 회비를 되돌려 받는다. 3일에 한 권씩 읽었다. 읽은 책은 블로그에 기록했다. 교실 수업 중 독서 관련 내용이 나올 때에는 학생들에게 추천할 책뿐만 아니라 내가 읽은 책도 학생들에게 소개했다. 학생들과 학부모들도 내가 독서모임에서 책을 읽고 있다는 사실을 알게 되었다. 완독할 때마다 아이들에게 책 제목과 읽은 권수를 알려주었다. 읽은 책 중에 좋은 글귀를 찾아 '아침 칠판 편지'를 기록하였다. 독서교육을 고민하던 내가 100일간 독서에 집중했다. 나의 독서 경험은 학생들의 삶에도 동기부여가 되었다.

"선생님, 지금 통화 가능하세요?" 학부모 문자다. 무슨 일로 연락을 주셨을까 궁금하다. 걱정된다. 학급에 나도 모르는 문제가 터졌나? 바쁜 일 일단 제쳐두고 전화를 건다.

영진이 어머니는 독서지도사 과정 수업을 듣고 1시에 귀가한다고 했다.

"영진이, 금요일마다 1시에 집에 보내주시면 안될까요? 수업 후 교실에 더 있게 해주세요. 선생님이 독서지도 어디서 배웠냐고 말씀해 주셔서 자신감이 생겼어요. 열정 많은 선생님처럼 저도 뭔가를 해보고 싶어졌어요."

며칠 후 영진이가 일기를 써서 엄마에게 보여 주었다고 한다.

"나는 엄마에게 일기를 실천하는 게 어떠냐고 했다. 엄마는 좋은 생각이라고 했다. 아빠랑 엄마가 부부싸움을 했다. 엄마가 얼마나 슬펐을까. 엄마가 일기를 쓰면 초어른이 될 것이다."

영진이는 엄마가 성장하길 바란다며 엄마가 일기를 썼으면 좋겠다고 말했다. 일기 쓰기 장점의 근거(?)로 내가 수업 중에 한 말을 전달했단다. 우리 선생님도 일기를 쓰고 있고, 일기를 쓰면 어른이나 아이나 성장할 수 있다고 들었다는 점. 영진이의 기억력과 전달력 때문에 소름이 돋았다.

교사연수를 들으면 학급 운영에도 '루틴'이란 용어를 자주 사용한다. 학급에서 생각나면 책을 읽어 주고, 생각나지 않으면 읽어 주지 않았던 날도 있었다. 그저 하루하루 책을 읽어 주다 보니 책 읽어 주기가 아침 루틴의 하나가 되었다. 이 글을 쓰고 있는 오늘 아침에도 아이들에게 《가방 들어주는 아이》를 읽어 주었다. 가끔 국악 등의 외부강사가 교실을 방문하면 책 읽어 주기를 놓치기도 한다. '오늘은 책 안 읽어 주세요?' 학생들이 묻는다. '아차' 싶어 바로 책을 읽어 준다.

1학기에는 그림책을 자주 읽어 주었다. 2학기 들어 아침 시간에는 장편동화를 읽어 준다. 등장인물마다 목소리를 구분하여 실감 나게 읽어줄 줄을 모른다. 경상도 억양으로 그냥 읽어 준다. 아이들도 나도 이야기 속으로 빠져든다. 가끔 목감기에 걸리면 책을 읽어 주지 못한다. 물도 많이 마시고 비타민도 먹으며 건강을 챙긴다. 매일 책 들고 다니는 교사이자 책 읽어 주는 교사로 아이들이 기억하기를 바라며! 읽어 준 후 아이들의 반응이 좋은 책은 동학년 선생님들에게 소개한다. 《만복이네 떡집》 시리즈 네 권을 연구실에 갖다 두었다. 부장선생님은 시리즈 1번을 학급에 읽어 주었단다. 조금만 읽고 멈추려고 했으나 뒷이야기가 궁금해서 다 읽어 줬다고 했다.

"우리 애들이, 이 책 3반 선생님 책이냐고 묻더라."

다른 반 학생들까지 내가 구입한 책을 읽었으니 기분이 날아간다.

"선생님, 《양순이네 떡집》 하루만 집에 가서 보고 가져와도 될까요?"

초등 2학년 딸을 키우는 옆 반 선생님은 내 책을 빌려갔다. 동학년에게 읽어 준 책 소개도 하고, 책도 빌려주며 아이들 반응도 공유한다. 매일 책 읽어 주기를 실천했을 뿐인데, 나만의 콘텐츠가 되었다.

교실에서의 '말과 행동' 그리고 '책 읽어 주기'는 '나부터 먼저 보여 주는 교육'이다. 학생을 넘어 학부모와 교사까지 조금씩 나의 학급 독서교육에 대한 영향력이 커지는 것 같아 책임감을 느낀다. 오늘 하루도 책 읽어 주는 교사의 모습을 충실히 지켜나가려고 한다. 김진수 선생님은 '멘토 뒤를 졸졸 따라가겠다'는 나의 댓글을 보고 이렇게 말했다.
"이미 백쌤 만의 길을 만들어 가시는 모습에 힘찬 박수를 보내고 싶습니다. 고맙습니다."

독서의 빚을 갚을 때다. 멘토가 나에게 독서 에너지를 준 것처럼 내 학급의 범위를 넘어, 학생, 학부모, 교사들에게 책 읽기 도움을 주고 싶다. 영진이 어머니의 독서지도사 삶이 궁금하다. 누군가가 나를 통해 독서교육에 발을 들였다. 학교도서관 업무를 맡은 덕분이라며 현재의 내가 과거의 나를 인정하고 격려한다.

'나부터 먼저 보여주는 교육'이란 책 읽는 모습만 보여 주는 범위를 넘어선다. 책 읽는 습관은 기본이고, 독서 삶을 보여 줄 때다. 책 읽고 책 내용 중 한 가지라도 삶에 실천한다. 나를 바라보는 학생들도 독서 삶에 호감 가지게 될 것이다. 한결같은 독서 삶을 보여 주자.

2

오픈 카톡방을 열다

　학급 카톡방을 만들고 싶었다. 망설였다. 학부모, 학생 모두 들어오는 공간에서 공정하고 친절하게 이끌 수 있을까? 2020년 2학기 들어서자마자 코로나19 단계가 올라가면서 3주마다 학생들이 등교했다. 1주 등교하고 얼굴도 보지 못하는 2주는 이학습터의 학습 흔적으로 아이들의 생존(?)을 확인하는 격이다. 내가 투명인간이 된 것인지, 아이들이 투명인간이 된 것인지. 아이들이 없는 교실에서 이학습터를 열어 아이들의 존재를 확인한다. 댓글로, 과제물로, 실시간 소통이 쉽지 않았다.

　100일동안 선생님들과 함께 책을 읽고 삶을 나누던 오픈 카톡방이 생각났다. 자신이 읽은 책표지를 사진으로 올린다거나, 하루 중에서 우선적으로 챙길 일을 메모하여 아침시간에 카톡에 올렸다. 방장이 공지사항에 올린 내용을 꼼꼼히 살폈다. 방의 성격이나 활동 방법을 적어 두었다.

2학기 개학 전 오픈 카톡방을 만들었다. 학생, 학부모 단체 문자로 오픈 카톡방 링크를 공지했고, 2학기 시작과 동시에 카톡방을 사용했다. 당일에 읽은 책 표지를 카톡방에 보냈다. 내가 올리고 나니 아이들도 읽은 책 사진을 카톡방에 올렸다. 오늘 내가 해야 할 일 6가지를 메모하여 올렸다. 아이들도 따라했다. 정원 23명 중에 절반의 학생이 참여했다. 다 이끌고 가려는 마음을 내려놓았다. 아이들에게 하지 않는다고 닦달할 수 없었다. 시작하는 시점에서는 '본보기'가 우선이라고 생각했다.

"선생님, 저도 선생님 하시는 것처럼 읽은 책을 카톡에 올리고 싶은데, 다른 부모님과 아이들이 동시에 있으니 올리기가 부담됩니다. 그래도 우리 반 오픈 카톡방 덕분에 책을 읽어야겠다는 마음이 생겼습니다."

구몬 학습지 방문선생님으로 일하고 있는 은수엄마가 개인 문자를 보내왔다. 학급 카톡방 관리에 대해 염려한 것이 쓸데없는 걱정으로 여길 만큼 카톡방은 조용했다. 인증사진 위주로만 사진이 올라왔다. 이유를 알았다. 카톡방의 성격에 대해 공지를 자세히 한 점도 있지만, 학생들과 부모들이 동시에 참여하는 공간이라 서로 눈치가 보였나 보다. 오픈 카톡방을 열고 편한 사람은 바로 담임인 '나'였다. 카톡방엔 하루의 할 일과 읽은 책 인증만 하는 것으로 공지하고 나니 다른 질문거리는 올라오지 않았다.

공지를 어긴 쪽은 나다. 이학습터 원격수업에 관련하여 질문이 들어오면 오픈 카톡방에 공유하였다. 같은 질문이 계속 들어오는 일이 사라졌다. 2주간 원격수업을 하고, 1주간 등교수업을 했을 때에는 포스트잇으로 하루 할 일 6가지를 기록케 했다. 그 종이를 사진으로 찍어 오픈 카톡방에 올렸다. 부모들은 그 사진을 본 후 자신의 아이들에게 피드백을 주었다. 예를 들면, 사진에 없는 경우 참여하지 않은 아이에게 내일은 꼭 참여하게끔 권하는 것이다. 원격수업 시간에 교과서가 학교에 있어서 원격수업 과제를 못한다는 학생도 있다. 오픈 카톡방에 교과서 파일을 올린다. 단, 수업용으로만 활용하도록 함께 안내한다. 담임으로서 오픈 카톡방은 필요하다는 생각이 든다.

2학기를 시작하자마자 3주에 한 번 등교하게 되면서, 내가 맡은 학년만 추석연휴 때문에 2일 등교하고 또 다시 2주 원격수업이 진행되었다. 아이들과 소통할 수 있는 통로를 더 만드는 것이 어떤지 의논이 이루어졌다. 오픈 카톡방을 만들어 보라고 권했지만, 동학년 선생님들이 부담스러워했다. 학부모와 학생 모두가 함께 공유하는 공간 관리에 대해서 걱정하는 것 같았다.

"부모님이 카톡방에 함께 있으니까 아이들이 할 일을 더 잘 챙깁니다."

카톡은 학생과 학부모의 접근이 수월하다. 나도 학급 운영 공지를 쉽게 전달할 수 있어서 해마다 활용해 보고 싶다.

아이들의 인증샷을 보며 이모티콘으로 고마움을 표시했다. 아이들이 늦은 저녁에 올려두면 나는 다음 날 아침시간에 동시에 답장을 해주었다. 원격수업 기간엔 오픈 카톡방은 학생들이 등교하여 내 앞에 앉아있는 느낌처럼 유용하게 활용하였다.

2학년을 맡으면서 전면등교를 했다. 우리 반 오픈 카톡방은 운영하지 않고 있다. 나의 오픈 프로필을 만들어서 블로그에 공지했다. 오픈 프로필로 연락 온 블로그 이웃과 그림책, 독서교육, 독서 육아 통틀어서 한 시간 동안 이야기를 나눴다.

요즘엔 오픈 카톡방도 많고, 각 방마다 주인장의 공지에 따라 다루는 주제도 다양하다. 학생과 학부모와 소통하고, 독

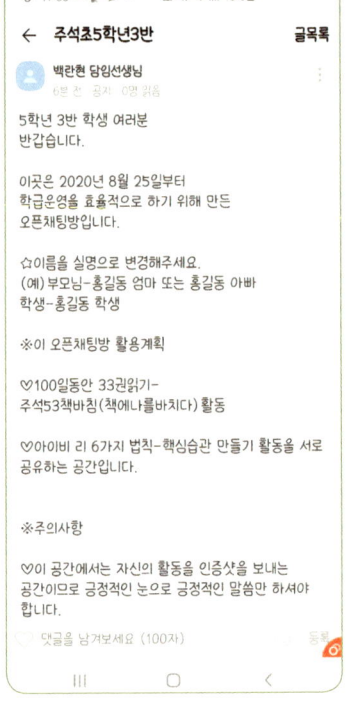

서교육을 안내할 수 있는 오픈 카톡방을 학기 초에 열어 일과 중 외에도 온라인 학급의 공간으로 활용하려고 한다. 그리고 오픈 프로필을 독서교육 나눔의 통로로 사용하면 다함께 성장할 수 있다.

오픈 카톡방을 만들어 활용하기 위해서 염두에 둬야 될 일이 있다. 예절이다. 학부모, 학생과 다양한 채널에서 소통을 하기 전 사전에 상호 예절에 대한 공지를 명확하게 하는 것이다. 나 또한 방 주소를 공유하기 전 공지사항을 여러 번 수정했다.

블로그를 통해서도 학부모, 학생과 소통을 하고 있다. 블로그 소통은 2008년부터 이어가고 있다. 졸업한 아이들은 블로그를 통해 안부를 묻기도 한다.

블로그에서 한 번 학급에 대한 불만 댓글을 받은 적 있다. 손발이 떨리고 머리카락이 쭈뼛 서는 듯했다. 담임에 대한 예의가 없다고 판단했다. 신고버튼을 부르고 아이디 접근을 차단했다. SNS 활용에 어려움이 있을 수 있지만, 유익한 면 중심으로 학급에 활용하고 있다. 나와 연결된 카톡, 블로그, 인스타그램은 내가 어떻게 독서교육과 독서 육아를 하고 있는지 공언하는 도구이다. 도구 활용으로 내 기록이 쌓이고 있다.

3
아이비 리 6가지 법칙

학급 오픈 카톡방에서 나누던 활동 첫 번째는 '아이비 리 6가지 법칙'이다. 《교사가 성장하면 수업도 성장한다》 134쪽을 읽다가 발견했다.

밀려드는 업무량을 효과적으로 처리하고 시간을 잘 사용할 수 있을까. 아이비 리가 찰스 슈와브 베들레헴 강철 회장에게 하루 시간을 효율적으로 쓰는 방법을 제안했다. '아이비 리 6가지 법칙'이란 이름으로 김진수 선생님은 자신의 학급에서 실천하고 있다.

우선순위의 삶을 실천하는 학급운영 '아이비 리 6가지 법칙'

① 종이 한 장과 연필을 준비한다.
② 날마다 해야 할 일을 여섯 개씩 메모한다.

③ 중요도에 따라 번호를 매긴다.
④ 종이를 주머니 안에 넣는다. 학생들 중엔 스마트폰 케이스나 필통에 두기도 한다.
⑤ 처음 해야 할 일은 1번이다. 다음엔 2번. 번호 순서대로 실천한다. 1번을 끝낸 후 2번을 진행한다.
⑥ 하루에 한 가지밖에 못했다고 해서 안타까워할 필요는 없다. 가장 중요한 일을 실천한 것이다.
⑦ 아이비 리 6가지 법칙에 '독서하기'를 반드시 포함시킨다.

원격 수업 주간, 매일 아침 자신이 실천할 우선순위 6가지를 메모하여 오픈 카톡방에 올린다. 등교 주간에는 등교하자마자 2장의 종이에 메모를 한다. 한 장은 본인이 가지고 있고, 다른 한 장은 칠판에 자신의 번호 자석으로 붙인다. 누가 메모했는지, 하지 않았는지 확인이 가능하다. 오픈 카톡방에 올라온 내용에 대한 나의 의견은 카톡방에 남기지 않는다. 공개된 공간이기 때문이다. 대신 등교했을 때 오픈 카톡방의 '아이비 리 6가지 법칙' 메모지 중에 학생들에게 소개하고 싶은 것을 골라서 읽어 준다. 처음 해보는 메모이기에 6가지 채울 때 시간이 많이 걸렸다. "선생님 3가지만 메모해도 돼요?"

처음엔 허용했다. 그랬더니 등교하기, 학원가기, 숙제하기 식의

적지 않아도 되는 일정과 두루뭉술한 내용을 주로 메모했다.

'아이비 리 6가지 법칙'에는 독서도 넣기를 권했기 때문에 5개만 추가하면 된다. 숙제를 메모하더라도 구체적인 숙제 내용을 기록하게 했다. 모든 학생들이 따라오진 않았다. 다만, 어제는 기록하지 않았던 학생이 오늘은 기록했고, 한두 가지 실천했다는 사실에 주목했다. 등교기간에는 학생들이 칠판에 붙인 아이비 리 메모지를 사진 찍어 오픈 카톡방에 보냈다. 아침에 스스로 할 일을 메모하는 습관 덕분에 학생들은 스스로 독서와 학습을 챙기는 횟수가 늘었다. 학부모와 학생들이 메모지 사진을 보기만 하고 답장하진 않았다. 읽고 묵묵히 지켜보는 학부모들이 무언의 응원을 해주는 것 같았다. 5학년 2학기 개학, 새 출발의 의미를 담아 도입한 우리 반 '아이비 리 6가지 법칙'. 반 전체가 실천하도록 분위기 '으샤으샤' 활기차게 만들고자 했다.

'아이비 리 6가지 법칙' 기록을 하기 시작하면서 아침 활동시간이 차분해졌다.

"선생님, 매일 똑같은데요! 안 적으면 안돼요?"

"매일 똑같지! 학원 등 오후 일정이 같더라도 적어 봐. 숙제 분량이 달라진다거나, 읽을 책 목록이 달라진다거나 다른 부분이 있을 거다. 그리고 같더라도 똑같게 적어요. 우선순위가 달라질 수도 있고. 어제 덜한 것을 오늘 우선순위 1번으로 넣을 수도 있고."

"언제까지 아이비 리 해야 해요?"

"평생하면 좋겠는데. 우선 5학년 마칠 때까지 해보자. 10분간 책 읽더라도 독서하기는 필수야."

학생들에게 독서를 강조하다 보니 실천 순서 정할 때 독서를 1번으로 하는 경우가 많았다. 책부터 읽고 해야 할 학습이나 취미 활동 순서를 매겼다. 독서하기를 적을 때에도 '책', '독서'처럼 적지 않고 책 제목을 넣는 등 구체적으로 기록해 보도록 했다. 모든 학생이 따라와 주진 않았다. 매일 참여한 학생을 체크했다. 참여하는 학생들이 점점 더 많아지도록 격려했다. 하루 일과를 시작할 때 메모하는 날이 메모하지 않는 날보다 시간 관리 면에서 장점이 많다는 걸 학생들이 알기를 바랐다.

담임인 나도 '아이비 리 6가지 법칙'을 기록하여 학생들과의 카톡방에서 공유했다. 나 역시 독서하기를 우선순위로 두고자 했다. 나와 학생들이 독서습관과 우선순위의 삶을 챙기고자 노력했다. 카톡방에서의 기록 공유는 학생들에게 동기부여가 되었다.

"동기부여 전문가세요. 나눔의 대가십니다. 아이비 리의 대가세요."

김진수 선생님은 블로그에 댓글을 적어 주며 나의 학급 운영을 격려해 주었다.

10가지 이상 아이비 리 메모를 한 적도 있었다. 예를 들면, 2020년 11월 12일 아이비 리 메모의 내용이다. 학생들 키, 몸무게 측정, 수행평가 국어 진행, 학폭예방 기여 가산점 서류 작성, 줌 수학협의, 교실 청소, 틈새 독서, 학생들 과제 체크, 인공지능 활용 초등수학 직무연수, 영운초 출장 교감선생님께 말씀드리기, 김해의 책 시민작가 도서 50권 확인. 학교와 가정을 나누어 아이비 리 기록을 해보니 챙기기도 제한된 시간에 빠짐없이 할 일을 챙길 수 있었다.

교직생활에서 바쁘지 않은 날은 없었을 것이다. 아이들에게 책 읽기를 우선순위로 생각하도록 하기 위해서 나 또한 책 읽기를 놓치지 않고자 애썼다. 아침시간과 점심시간에 10분씩 틈새 독서를 하고, 아이들에게 경험을 나누었다. 아이들에게 하루 일과에 대해 메모하면서 실천한 결과가 많아질수록 독서의 기회도 자주 가졌을 것이라 믿는다.

초등학교 2학년을 맡았다. 아이비 리 6가지 법칙을 소개하고 싶었다. 1학년 티를 벗어나지 못한 꼬맹이들이 어려워하면 어쩌나 망설였다. 칠판엔 '아이비 리 6가지 법칙'이라고 메모해 두니 아이들이 관심을 가졌다. "선생님, 아이비 리가 뭐예요?"
"하루에 실천할 것 6개 메모한 후 실천했으면 동그라미 치는

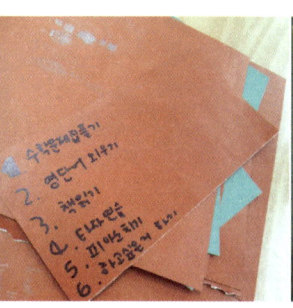 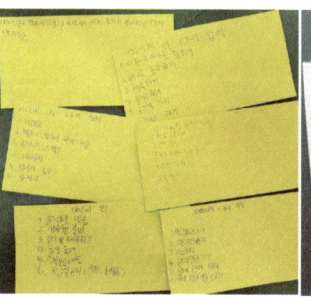

거야. 대신 매일 하는 것."

"알림장이랑 비슷하네요."

아이들과의 대화 덕분에 설명해 볼까 하는 용기도 생겼다. 2학년 여름방학을 앞두고 방학 중 실천할 수 있는 친구들은 실천하길 바랐다. '아이비 리 3가지 법칙'이란 이름으로 알림장에 공지했다. 독서는 필수이기 때문에 두 가지만 더 넣으면 된다. 2학년 2학기 개학 후 매주 금요일마다 주말 과제로 아이비 리 메모를 공지한다. 2학년이지만 부모님의 가이드 덕분인지 꾸준히 참여 중이다. 27명 모두 참여하지는 않지만 매주 월요일마다 참여수를 세어 보니 절반이 넘었다.

"선생님이 알림장 검사 많이 하면 힘들까 봐 참여 안 한 친구들도 있네. 다음 주에는 참여해 보세요."

저학년부터 매일 할 일을 메모하는 습관이 정착되길 바란다. 아이들도, 어른들도 함께 아이비 리 6가지 법칙을 활용해 보길 권한다.

4
독서 마라톤 해볼래

오픈 카톡방에서 나누던 두 번째 활동은 '독서 마라톤'이다.

학급에 독서 마라톤을 도입하기 한 달 전, 100일 동안 33권 읽기 '책바침 2기'에 합류했다. 《책에 나를 바치다》의 줄임말인 '책바침 2기'에는 26명의 선생님들이 모였다. 지정도서 20권과 자유도서 13권을 읽고 한 달에 한 번 줌으로 모임을 가졌다.

"한 번 100일만 투자해 보세요. 100일 후에 새로운 자신을 발견하게 되실 것입니다."란 안내에 시작부터 100일 후 만날 나에 대한 기대로 설렜다. 한 달 동안 카톡과 구글 시트를 통해 책 읽은 결과를 나누었다. 선생님들이 독서 임계점이란 말을 자주 사용했다. 임계점을 넘으면 어떤 일이 생길지 궁금해하며 3일에 한 권씩 책을 읽었다. 짬이 날 때마다 책을 손에 들게 되었다. 드라마보다 책을 읽거나, 이북 듣는 것을 더 하고 싶어졌다.

> 사랑합니다.^^
>
> 오늘부터 학급카톡방에서 독서마라톤을 시작합니다.
> 아침에 일어나면 아이비 리 6가지 법칙 먼저 올려주시고
> 읽을 책(읽고 있는 책) 올려주시고
> 다 읽은 책은 쪽수를 확인 한 후
>
> (예시) 만약 몽실언니가 100쪽이고 끈기 책이 120쪽, 불량한 자전거 여행이 55쪽이라면
>
> 란현 1 / 9월 1일 / 몽실언니 / 100
> 란현 2 / 9월 2일 / 끈기 / 100+120= 220
> 란현 3 /9월 3일 / 불량한 자전거 여행 / 220+55 = 275
> 이렇게 적으시면 됩니다.
>
> 9월 1일부터 12월 9일까지 100일간 33권 읽기입니다.
>
> 여러분의 성공을 빕니다.

나만 좋은 모임에 참여할 순 없다. 우리 반 오픈 카톡방에서 9월 1일부터 독서 마라톤을 하겠노라 공지했다. 코로나19로 인하여 학생들을 매일 만날 수 없기에 학생들 습관을 잡아줄 수 있는 방법이 필요했을 때, 내가 참여한 '책바침 2기'의 카톡방의 운영방법 그대로 우리 반 오픈 카톡방에 적용했다. 8월 28일 금요일, 이 학습터에 다음 주 주간학습을 안내할 때 독서 마라톤 시작도 알렸다.

한 학생이 카톡방에 책 표지를 올려주면 다른 학생도 자신이

읽은 표지를 올려주었다. 학부모 중에서도 한 분은 읽은 책을 올려주었다. 나 또한 서평책이나 동화책 등 읽은 책 표지를 우리 반 오픈 카톡방에 올렸다.

독서 마라톤 활동으로 학급에 성실한 학생이 누구인지 알 수 있었다. 나윤, 현서, 서정이는 읽은 책 인증할 때 공지한 대로 자기 이름 뒤에 권수를 붙여 나갔다. '100일간 33권 읽기' 독서 마라톤을 실천한 결과 학생들에게 10일 단위로 열 번 나누어 점검하는 것이 효율적이었다. 중간에 몇 권 몇 페이지의 누적 기록을 공지했다. 10일 단위마다 기록된 권수와 페이지 수를 비교해 보면 학생들에게 동기부여를 해줄 수 있다. 책을 읽지 않았던 학생들도 조금씩 읽기 시작했다. 반대로 처음에 독서 마라톤 기록을 카톡에 잘 올리던 학생들이 중간에 소식이 뜸하기도 했다. 작심삼일이 되더라도 독서 마라톤을 시도한 만큼 아이들 독서력에 도움이 될 것이라고 생각하며 100일을 이끌었다. 책 속 인상 깊은 문장은 게시판에 붙여 두기도 하고, 오픈 카톡방에 공유하기도 했다.

나의 경우, 독서 마라톤에서 읽는 책은 블로그에 리뷰를 남겼다. 나의 독서 마라톤과 학생들의 독서 마라톤이 함께 진행될 때, 책에 대한 관심과 책 읽기 진행을 집중적으로 챙겨볼 수 있었다. 코로나19로 인하여 학교 안 선별진료소가 한 번 차려진 적이 있다. 나는 5학년 부장이었고, 5학년 학생 한 명이 코로나 확진이 되었다. 담임선생님, 교과 전담교사, 5학년 해당학급은 코로나 검사를 실시했다. 선별 진료소 일 이후 내가 리뷰로 남겼던 책이 《코로나에 걸려버렸다》이다. 우리 반 학생들 중에서 두 명이 내가 읽은 책을 구입해서 읽기 시작했다. 아이들은 책 속에 간호사가 서로를 알아보지 못해서 공룡 또는 토끼 모양을 머리에 표시하여 병실에 오가는 장면에 감동을 받았다.

《내가 김소연진아일 동안》은 동화책이지만, 나에겐 독서 마라톤 책 중 한 권이었다. 담임인 나도 읽고, 반 학생들도 읽고. 교장선생님이 '사제동행'을 강조했는데, 우리 반의 독서 마라톤이야말로 대표적인 사제동행이다. 5학년 2학기 사회 한국사 수업을 진행하면서 독서 마라톤 책으로 《설민석의 조선왕조실록》을 읽었다. 아침 시간이나 수업 시간에 책 내용을 일부 들려주기도 했다. 며칠 뒤 우리 반에서 두 명의 학생이 책을 구입해서 읽고 있었다. 책바침 2기, 학급 독서 마라톤을 하면서 학생들에게 책을 소개해 줄 수 있었다.

우리 반의 민서는 해리포터 시리즈를 즐겨 읽었다. 당시 희수도 해리포터 시리즈를 구입해 달라고 했다. 오픈 카톡방에서 민서에게 해리포터는 무엇부터 읽어야 할지 물었다.

"해리포터 시리즈 1. 마법사의 돌(1~2), 2. 비밀의 방(1~2), 3. 아즈카반의 죄수(1~2), 4. 불의 잔(1~4), 5. 불사조 기사단 (1~5), 6. 혼

혈왕자 (1~4). 처음엔 마법사의 돌부터! 책 읽고 나서 DVD보면 재 밌어요." 민서의 답변을 우리 반 학생들과 학부모가 함께 본다. 카톡방 안에서 책을 추천하며 서로의 책 표지를 나누다 보면 나도 그 책 읽었다는 반응을 엿볼 수 있다. 같은 책을 읽은 친구들끼리 책에 대한 감상을 나눈다. 독서 마라톤 덕분에 서로 읽은 책을 나누며 책 읽기에 좋은 영향을 미친다.

아이들 앞에 모범 마라토너가 되고자 했다. 오히려 아이들이 나에게 동기부여를 해줄 만큼 모범 마라토너였다. 100일간 이어진 독서 마라톤 덕분에 교사와 학생 사이, 학생과 학생 사이에 상호 배움이 가능했다.

독서 마라톤을 통해 목표가 있는 책 읽기를 실천했다. 아이들이 평생 독자로서 한 계단 올라섰다. 책 읽기 누적에 따른 재미는 덤으로 얻었다. 성취의 기쁨을 배웠다.

5

소장도서가 학급문고로

검은 점이 찍혔다. 《진짜 내 소원》은 어제 구입한 책이다. 검은 점이 원래 있었는지, 누군가가 네임펜으로 점을 찍었는지 밝히기(?) 위해 책 이미지를 검색했다. 해당 페이지에 점이 없다.

"민종이가 방금 '진짜 내 소원' 읽었어요."

야무진 주연이가 사건의 실마리를 풀게 해주는 것인가?

"검은 점은 원래 그 책에 있었던 것 같은데…." 지목된 민종이의 목소리가 흐려진다.

"아, 그래! 혹시 방금 민종이가 네임펜으로 그림 따라 그리다가 묻힌 건 아니니? 네이버에 책을 검색해보니 원래 점이 없던데…."

"아, 맞다. 방금 네임펜 사용했어요."

"아, 그렇구나. 조심조심. 부탁해요."

2년 연속 5학년 담임을 하다가 오랜만에 2학년을 맡았다. 책에 검은 점 하나 때문에 심장이 빨리 뛰었다가 서서히 안정되었다. 더러워지거나 잃어버릴 경우 다시 사면 된다며 책에 대한 집착을 완전히 내려놓았다고 생각했다. 아니었다.

"책을 넘길 때에는 구겨지지 않게, 선생님처럼 손에 지문 있는 부분으로 책장 끝을 살짝 넘기면서 보세요. 책을 펼친 채로 '차오름'(김해부곡초 창의적 체험활동 교재) 독후활동 할 때에는 그림책에 사인펜 묻지 않도록 조심해 주세요."

여러 번 책장 넘기는 시범을 보여주며 반 아이들에게 잔소리를 늘어놓았다.

주연이가 아침에 교탁 주변 책꽂이를 훑어본다. 한참 살피더니,

"선생님, '거북아, 뭐하니?' 책 여기 없어요?"

"있을 거야. 선생님 집엔 없었어. 분명히 교실에 있어."

"선생님, 안 보이는데요?"

동학년 빌려준다고 연구실에 둔 게 생각났다. 주연이는 다른 책을 골랐다.

《거북아, 뭐하니?》는 둘째 희진이가 인근 작은 도서관에서 독서 수업한 후 구입한 책이다. 최근 막내 희윤이랑 읽었다. 도와달라는 말은 하지 않고 잔머리 굴리는 거북이를 우리 반에 소개하고 싶어서 교실에 갖다 두었다.

옆 반 선생님이 딸에게 책을 사 주고 싶다며 몇 권 추천해 달라고 했다. 《도서관 생쥐》 시리즈 등 여러 권 말해 주었다. 부장선생님이 나에게 그림책 강의를 1시간 해보라고 했다. 그림책 강의를 하기로 한 날, 하늘색 캐리어에 그림책을 가득 담아 출근을 했다.

"선생님, 퇴근 후 비행기 타러 가시는 것 같아요."

책에 내 이름부터 붙인 후 연구실 테이블에 올려두었다. 도서관에서 빌려 읽다가 막내가 좋아해서 구입한 입체북 《나, 꽃으로 태어났어》도 가져왔다. 3주 정도 학년에서 사용한 후 그림책은 우리 반 책꽂이에 꽂힐 예정이다.

3월초 빈 교실(이후 놀이교실)에 있던 여분의 책꽂이에 탐이 났다. 원래 우리 교실 측면에도 책꽂이는 가득하다. 우리 학교로 인사이동이 확정되었을 때 학교 홈페이지 앨범에서 교실에 책꽂이가 있다는 사실을 미리 확인했다. 교실에 내 책을 가득 꽂아야겠다고 생각했다. 그래도 앞면 칠판 아래에 책꽂이를 더 두고 싶었다. 옆 반에 있던 빈 책꽂이도 하나 얻었다. 교탁 근처에 책을 꽂아두면 아이들이 내 옆으로 다가와 책을 빼간다.

막내가 책을 찾으면 교실에서 다시 집으로 가져간다. 《무지개 물고기》 시리즈를 학교에 가져가고 싶은데, 최근 막내가 보고 있어서 가져가지 못하고 있다.

집에 있는 그림책을 교실에 갖다 두기도 하고, 교실에 있는 책을 집으로 가져오기도 한다. 내가 구입한 그림책은 여러 독자들을 만나느라 바쁘다. 퇴근 후 내 방과 베란다, 전실에 있는 책을 바라보면 뿌듯하다. 출근해서 내 근처 책꽂이에 꽂힌 그림책을 보면 흐뭇하다. 이게 행복이구나!

"선생님, 책에 이름이 많이 붙어 있어요. 선생님 학생이었어요?"

몇 년 전까지 책 면지에 반 학생 명단이 들어간 체크리스트를 붙여 두었다. 읽은 후 동그라미를 할 수 있다. 아이들이 책의 주인처럼 읽어 주길 바라며 명단을 붙였다. 동그라미를 친 학생의 얼굴을 떠올린다. 이렇게 책에서 학급의 흔적을 발견할 땐 보물을 찾은 것 같다. 질문을 한 학생에게 선배들을 소개해 본다.

"현중이 형은 강원도에서 군인으로 일해."

"시은이 언니는 김해여고 다니는데, 다음 주에 시험 끝나는 날, 선생님 얼굴 보고 싶다고 만나자 하네. 선생님이 맛있는 거 사 줘야겠지?"

신규 2년 차부터 현재까지 소장도서를 학급문고로 사용하고 있다. 책은 낡았지만 활용한 경험은 쌓였다. 내일부터 '질문과 공감이 있는 그림책 교실' 프로그램을 운영한다. 《무지개 물고기》 시리즈를 학교에 가져가려고 가방에 넣어 두었다. 《무지개 물고기》 시리즈 8권 중에 3권은 막내가 가져오라고 신신당부했다. 며칠 동안 그림책 3권을 들고 출퇴근할 것 같다.

2학년 겨울 교과서에서는 다른 나라에 대해 학습한다. 아이들이 인터넷보다는 책으로 먼저 나라를 조사했으면 해서 알림장에 내가 관심 있는 나라 소개 책을 준비하도록 공지했다. 책이 없는 친구는 반 전체가 도서관에 가는 날에 빌리거나, 선생님 세계문화전집을 활용하기로 했다. 구입해 준 책이 있으니 아이들에게 보여 줄 수 있다.

소장도서는 학급문고이고, 학급문고는 소장도서이다.

단행본 외에 소장전집까지 교실에 갖다 둔다. 소유한 책에 대한 집착을 내려놓았다.

"배는 항구에 있을 때 가장 안전하지만, 배는 항구에 머물기 위해 만들어진 게 아닙니다."

'김해지혜의바다' 도서관에서 본 문구가 떠오른다. 책은 책장에 꽂혀 있을 때 가장 깨끗하지만, 책은 책장에 꽂아 두기 위해 만들어진 게 아니다. 책은 누군가 읽고 사용해야 책의 가치를 증명할 수 있다. 소장한 책부터 활용하자.

6

읽어 준 책을 활용한 국어수업

　이전 교육과정에 비해 2015개정교육과정에는 문학작품이 많이 실려 있지 않다. 3학년부터 독서단원이 도입되다 보니 동화나 시, 그림책 등에 대한 교사의 선택권이 많아졌다. 국어 교과서 집필진의 입장에서 수록 작품을 신중하게 선택했겠지만, 나의 경우 국어수업 시간에 책을 활용할 때에는 스토리의 재미를 우선시한다. 2학년 담임을 하면서 나의 학급에서 아침활동 시간과 국어시간에 다룬 책 내용과 국어 교과서의 공부할 문제를 일부 소개한다.

2학년 1학기 8단원 〈마음을 짐작해요〉

단원도입, 단원 공부할 문제,
'글쓴이의 마음을 짐작하며 글을 읽어 봅시다.'

교과서에는 여자아이가 '할머니께서 오신 날'이라는 제목으로 일기를 쓰고 있다. "여자아이의 마음을 어떻게 알 수 있을까요?"라고 학생들에게 질문을 한다. 학생들은 아이가 쓴 일기 내용에서 "할머니 손을 잡았다."라는 여자 아이의 행동과 "할머니, 오셨어요?"라고 한 여자 아이의 말을 살펴본다. 여자 아이는 할머니를 만나서 반가운 마음이라는 것을 8단원 첫 시간, 단원 도입할 때 배운다. 《수영장에 간 아빠》그림책의 한 장면을 보여준다. 수영장에 간 보라 아빠가 숨쉬기 힘들어하는 장면에서 보라의 마음을 짐작해 보게 한다. 그림책의 저자는 따로 있지만, 책 속에서 말하는 이는 '나'이다. 즉, 보라이다. 보라의 일기라고 가정한 후 마음을 짐작해 보는 활동을 진행한다. 《수영장에 간 아빠》는 아침활동 시간에 빅북으로 읽어 주었다.

공부할 문제, '글쓴이의 마음을 생각하며 글을 읽은 경험 나누기'

《수영장에 간 아빠》를 연속으로 활용한다. 그림책을 읽어 준 후 반 학생들에게도 비슷한 경험이 있었는지 물어본다. "물에 빠질 뻔했다, 김해 워터파크에 갔는데 튜브를 사용했다, 수영하다가 물을 마셨다." 등의 자기 이야기를 신나게 풀어놓는다. 친구들이 그림책 내용과 비슷한 경험을 한 사람씩 돌아가며 나눈 후 그때 친구의 마음 알아맞혀 보는 활동도 좋은 수업이라 생각한다. 교과서

지문을 사용하지 않고 내가 아침에 읽어 준 책으로 1교시 국어수업을 진행한다. 글에서 '맥락'이란 표현을 쓰는 것처럼, 수업에서 맥락이 이어질 때 순간 전율을 느낀다. 같은 그림책, 보라가 킥판 없이 처음 수영하는 장면에서 보라는 처음에 물에 가라앉았다가 물 위로 뜬다. 그 순간 보라 아빠의 마음도 나눠보면서 국어 수업을 1, 2교시 연속으로 진행했다. 80분의 국어 수업이 끝난 후 우리 반에 산만한 윤수는 나에게 메모를 한 장 주었다.

"오늘 따라 공부가 재밌다."

공부할 문제, '글쓴이의 마음을 짐작하여 글 읽기'

교과서에는 '자전거 타기 성공'이란 제목으로 소영이의 일기가 실려 있다. 개인적으로 나의 경우, 소영이의 일기 내용이 재미없었다. 6월 5일 이현 작가 강연을 들은 이후 반 학생들에게 《푸른 사자 와니니》 장편동화를 매일 조금씩 읽어 주고 있었기 때문에 《푸른 사자 와니니》를 국어시간에 학생들에게 자주 언급했다. '글쓴이의 마음을 짐작하여 글 읽기' 지도를 할 때 와니니가 일인칭 시점으로 쓴 글은 아니지만, 와니니의 마음을 알 수 있는 문장을 함께 찾아보고 와니니의 마음을 맞혀보는 활동을 했다. 마음을 짐작할 때에는 말과 행동을 찾아봐야 한다는 걸 학생들은 수업 중에 알게 되었다.

"어린 사자들은 숨죽인 채 사냥을 지켜보았다. 누가 뭐라는 것도 아닌데, 알아서 조용히 있었다. 엄마들이 곁에 없으면 저절로 긴장하게 마련이었다. 더구나 마디바의 영토 밖, 그러니까 남의 땅에서 몰래 사냥하는 상황이었다. 휴…." 내용을 읽어 준 후 TV화면에도 보여 주었다. 아이들은 와니니가 무서운 마음이 들었을 것이라고 답했다. 아침에 읽어 준 책으로 수업을 시작한 후 중간쯤 교과서 '자전거 타기 성공' 내용도 살폈다.

공부할 문제, '일이 일어난 차례를 생각하며 듣기'

《나는 개다》 그림책을 활용하였다. 우리 반 학생들은 개가 침대 이불 위에 똥 싸는 장면을 가장 좋아한다.

좋아하는 장면을 포함하여 다섯 개 장면을 칠판에 붙인다. 수업을 준비할 때 개가 똥 싸기 전과 후의 이야기를 확인하다 보면 장면 다섯 개는 금방 뽑을 수 있다. 장면부터 보여 준 후 장면 순서를 예상해 보게 한다. 그리고 책을 읽어 준다. 처음에 예상한 장면과 흐름이 같은지 다른지를 학생들이 그림책을 들으면서 확인해 봐야 한다.

공부할 문제, '이야기를 만들어 발표하기'

교과서에는 《글자 없는 그림책》에서 내용 하나만 수록되었다. 나는 원작에서 모둠별로 한 가지 이야기 그림을 복사하여 각자 다른 내용을 이야기를 풀어 쓰도록 했다. 이야기로 꾸밀 그림이 모둠마다 다르기 때문에 수업 중 이야기를 만든 내용이 모둠별로 다 달랐다. 아이들은 더 집중해서 다른 모둠의 이야기 발표를 듣는다.

2학년 1학기 9단원 〈생각을 생생하게 나타내요〉
공부할 문제, '꾸며 주는 말을 사용하면 좋은 점 알기'

자신이 쓴 글에서 꾸며 주는 말을 찾아 밑줄을 긋는다. 바꾸고 싶은 문장을 골라 꾸며 주는 말을 넣어 다시 써야 한다. 우리 반 학생들의 학습 진행을 생각해 보면 어려운 공부였다. 며칠 전에 읽어 준 《걱정 세탁소》의 문장을 활용하기로 했다.

"승민이 주먹이 재은이 눈앞에서 부르르 떨렸어요. 재은이는 생글생글 웃으며 말했어요. 선생님 말에 반 친구들이 키득키득 웃었어요." 문장을 학생들에게 보여준다. '부르르'를 빼고 읽어본다. '부르르'를 넣어서 다시 읽어본다. 다른 문장도 같은 방법으로 읽어본다. 읽어본 후 두 가지 문장의 차이점을 찾아본다. 그리고 꾸며 주는 말을 사용하면 좋은 점을 생각해 보고 발표한다.

동화책을 활용하여 국어 수업을 진행하다 보면 아이들이 먼저 다른 동화책에도 꾸며 주는 말이 있다며 찾아 보여준다. 꾸며 주는 말이 들어간 책큐레이션이다. "선생님, 푸른 사자 와니니에도 꾸며 주는 말이 있어요. '와니니가 대답했다.'라고 하면 되는데 급히 대답했다고 적혀 있어요."

공부할 문제, '꾸며 주는 말을 사용해 짧은 글 쓰기'

아침 독서 시간에 읽어 준 책의 일부분을 1교시 국어시간에 활용했다.

꾸며 주는 말을 사용해 짧은 글 쓰는 수업의 다양한 예시를 보여 주고자 《푸른 사자 와니니》 76~77쪽의 문장을 사용해 보았다.

털이 빠져 있었다. 털이 (듬성듬성) 빠져 있었다.
고개를 흔들었다. 고개를 (잘래잘래) 흔들었다.
와니니는 온몸의 털이 곤두섰다. 와니니는 온몸의 털이 (바싹) 곤두섰다.

2학년 1학기 11단원 〈상상의 날개를 펴요〉
공부할 문제, '이야기를 읽고 인물의 마음 짐작하기'

이야기의 상황, 인물의 말이나 행동을 통해 인물의 마음을 짐작할 수 있어요.

아침 독서 시간에 읽어 준 내용을 1교시 국어시간에 바로 활용했다. 원래 책에는 다른 지문이 있었다. 그러나 내가 읽어 준 책을 아이들에게 보여 주며 수업을 진행했다. 아이들은 책을 가지고 있지 않았기 때문에 실물화상기로 책의 일부분을 보여 주었다.

《푸른 사자 와니니》 185쪽.

암사자 와니니가 자기 자신을 쫓아낸 할머니 마디바에게 다녀온다고 했을 때, 수사자 아산테 아저씨의 마음을 짐작할 수 있는 말을 찾아보았다.

"아산테가 단호히 고개를 저었다. 아니! 그렇지만 어쩌고 하는 소리는 필요 없다. 네가 어딘가로 가야겠다면 나도 가는 거야."

2학년 2학기 4단원 〈인물의 마음을 짐작해요〉
공부할 문제, '글에 나오는 인물의 마음 알기'

아침시간에 《가방 들어주는 아이》를 읽어 주었다. 영택이는 생일 파티에 석우를 초대했다. 석우는 영택이에게 파티에 가겠다고 말했다. 방과 후에 축구경기 때문에 석우는 영택이와의 약속을 지키지 못했다. 이때 영택이의 마음은 어땠을지 짐작해 보며 '인물의 마음'에 대해 수업을 진행했다.

읽어 준 책을 활용한 국어수업은 오늘도 현재진행형이다. 우리 반 아이들은 나에게 자주 말한다.

"선생님이 읽어 준 책은 다 재밌어요. 다 사고 싶어요."

"어제 엄마한테 사달라고 했어요. '내 멋대로 슈크림빵' 주문했어요. 오늘 집에 도착해요."

교과서 지문이 아니더라도 다양한 책으로 학습목표를 이룰 수 있다. 아래에 소개하는 성취기준으로 교사는 전문성을 발휘할 수 있는 수업이 가능하고, 학부모들은 자녀들의 독서진행에 실마리를 얻을 수 있다.

2015개정교육과정 국어교과 문학 성취기준

1~2학년

- 느낌과 분위기를 살려 그림책, 시나 노래, 짧은 이야기를 들려주거나 듣는다.
- 인물의 모습, 행동, 마음을 상상하며 그림책, 시나 노래, 이야기를 감상한다.
- 여러 가지 말놀이를 통해 말의 재미를 느낀다.
- 자신의 생각이나 겪은 일을 시나 노래, 이야기 등으로 표현한다.
- 시나 노래, 이야기에 흥미를 가진다.

3~4학년

- 시각이나 청각 등 감각적 표현에 주목하며 작품을 감상한다.
- 인물, 사건, 배경에 주목하며 작품을 이해한다.
- 이야기의 흐름을 파악하여 이어질 내용을 상상하고 표현한다.
- 작품을 듣거나, 읽거나 보고 떠오른 느낌과 생각을 다양하게 표현한다.
- 재미나 감동을 느끼며 작품을 즐겨 감상하는 태도를 지닌다.

5~6학년

- 문학은 가치 있는 내용을 언어로 표현하여 아름다움을 느끼게 하는 활동임을 이해하고 문학 활동을 한다.
- 작품 속 세계와 현실 세계를 비교하며 작품을 감상한다.
- 비유적 표현의 특성과 효과를 살려 생각과 느낌을 다양하게 표현한다.
- 일상생활의 경험을 이야기나 극의 형식으로 표현한다.
- 작품에 대한 이해와 감상을 바탕으로 하여 다른 사람과 적극적으로 소통한다.
- 작품에서 얻은 깨달음을 바탕으로 하여 바람직한 삶의 가치를 내면화하는 태도를 지닌다.

7

온앤오프 독서시간

 매일 책을 읽어 준다. 학생들은 이러한 나의 열정과 행동에 관심을 가진다. 동화나 그림책을 읽어 주면서 학생들보다 내가 먼저 저자의 의도를 파악하곤 한다. 책의 숨겨진 재미나 의미를 알게 될 땐 책 읽어 주다 말고 감탄한다. 학생들은 '책 재미있구나. 선생님이 읽어 주는 책 나도 봐야지'하는 마음을 가진다.

 월요일과 금요일 12시 20분, 반 학생들이 하교한 후 나는 우리 반 정운이랑 다문화 수업 일대일 책 읽기를 한다. 앞에서도 언급한 적 있는 책《푸른 사자 와니니2》를 소리 내어 읽는다. 장편 동화이고 문장이 길다. 소리 내어 읽는 시간 덕분에 내용 파악을 잘한다. 문장을 읽으며 사건을 서술하는 문체에 반한다. 직설적으로 '암사자가 죽었다.'라는 문장 대신 '물웅덩이 근처에서 사자의 흔적을 보았다. 살아있는 냄새가 아니었다.'처럼 표현한다. 내용을 해석하는 과정에서 '아, 이런 뜻이었구나.' 정운이보다 내가 감탄하면 정운이는 책에 눈을 가까이 대고 다시 읽는다. 동화를 읽으며 책이 재밌다는 걸 알았다.

며칠 동안 반 학생들에게 《가방 들어주는 아이》를 읽어 주었다. 오늘 마지막 장을 읽고 책 주인인 은진이에게 돌려주었다. "책을 가져오면 읽어 줄 수 있어요?"라고 은진이가 내게 먼저 물었다. 나는 흔쾌히 가능하다고 했다.

은진이 엄마는 지난 5월, 담임인 내가 마음에 들지 않는다고 은진이를 3일간 등교시키지 않았다. 은진이는 다시 학교를 나왔지만 나는 무너졌다. 전대진 작가의 《내가 얼마나 만만해 보였으면》을 읽고 기운을 차렸다. 한 권의 책, 한 페이지 글이 사람의 마음을 회복시킨다는 것을 경험했다. 날마다 반 아이들에게 책을 읽어 준다. 은진이가 책을 나에게 빌려줄 테니 읽어 달라고 제안했을 때, 나는 은진이를 칭찬했다. 은진이는 책을 매일 가방 속에 넣고 등하교를 했다.

코로나19로 인하여 원격수업이 병행될 때, 다른 반에서는 한 학기 한 권 읽기 진행에 엄두를 내지 못하고 있었다. 등교하는 날엔 목이 터져라 강의식 수업을 진행했다. 쉬는 시간 없는 6교시를 끝낸 직후 원격수업 팀의 활동 결과를 피드백해야 했다. 10년 전

동학년 선생님으로 만나 절친이 된 서선생님이 자기 학교에서 원격수업 콘텐츠로 독서수업을 만들었다며 자료를 보내왔다. 우리 반에 서선생님 자료를 우선 활용했다. 며칠 뒤 스마트폰으로 그림책 읽어 주는 동영상을 직접 촬영하여 원격수업 강좌에 올렸다. 학생들이 등교하면 읽어 준 그림책을 칠판에 세워두어 다시 읽게 했다.

2학기에 줌 쌍방향 수업이 이루어지면서 1교시 중 20분은 줌 독서시간으로 공지했다. 20분간 화면을 켜둔 채 책을 읽는다. 책 읽는 시간 확보가 우선이라고 생각했고 나도 함께 읽었다.

수석교사 독서수업 시연에 학생으로 참여하면서 온라인에서도 책 놀이가 가능하단 사실을 깨달았다. 띠 빙고 놀이는 줌에서도 서로 발언권을 가질 수 있고, 환호성과 탄식이 절로 나오는 생동감 있는 책 놀이였다. 독서수업 시연에서 소회의실에서 만난 3명의 교사들과 돌아가며 책 문장도 읽어 보았다. 약간의 속도 차가 있을 진 모르겠지만, 소회의실에서 같은 책을 읽고 질문 만들기, 질문에 답하기, 이야기에 이어 표현하기, 책 제목 패러디하기 등 줌에서 할 수 있는 독서 수업 내용이 많았다.

독서 시간 확보를 위해 아이들과 온앤오프 독서를 해볼 것을 제안한다. 원격수업의 비중이 많았기에 책 읽어 주는 동영상을 찍어 올리고, 줌 쌍방향 수업 시간에 함께 책을 읽었다. 만약 코로나가 안정되어 모든 학년이 전면등교를 활성화하더라도 온라인 활용 독서시간은 확보하여 활용해 보면 어떨까 상상을 해본다. 줌을 켜둔 채 각자의 책을 읽는다. 읽은 책 제목과 페이지를 전송한다. 인상 깊은 문장을 메시지로 상호 공유한다. 학교 내에 머무르는 시간에는 교사인 내가 책 읽을 시간 확보를 위해 애쓸 테니, 학교 밖 온라인 활용으로 책 읽는 시간 확보하는 방법도 마련하면 혼자 독서하는 것보다 규칙적으로 책 읽기 참여가 가능하다. 어른인 나도 책모임이나 서평단 활동을 하게 되면 책 읽을 시간을 우선 확보한다. 아이들도 온라인에서 독서할 장치를 만든다면, 독서시간도 규칙적으로 확보하고 실천력도 커질 것이다.

어떻게 온라인 독서 장치를 만들까? 학생 독서 동아리를 조직하는 방법이 있다. 담임교사가 지도를 해주고, 4~6학년 학생들은 독서 동아리로 뭉쳐서 책을 읽고 온라인으로 인증하게 한 후 등교수업할 때 잠시 동아리 활동을 할 수 있다. 27명의 반 학생들을 소그룹 독서 동아리로 한 명도 소외감 없이 조직하면 어떨지 생각해 본다. 긴급으로 원격수업 전환이 이루어져도 책 읽는 습관을 가지는 데는 무리가 없을 것이다. 어떤 상황이 닥쳐도 독서 시간 확보 및 책 읽기를 우선순위에 두면 학급의 현장 독서교육을 뛰어넘어 가정 독서교육, 온라인 독서교육 모두 가능하다. 진주에서 근무하는 이윤희 선생님은 아이들에게 고전을 읽히고 싶어서 큐레이션 하듯이 책에 내용 소개 글을 붙인다고 했다. 꾸준히 방법을 찾는 선생님 덕분에 반 아이들이 고전에 빠져들고 있다.

온앤오프 독서시간은 책 읽을 시간 확보가 우선이다. 아이들에게 고요하게 책에 집중하는 시간을 선물하자.

8

질문을 통해 함께 성장해요

책 읽는 동안 학생들에게 질문을 자주 만들어 보라고 제안한다. 내가 책을 읽어 줄 때도, 학생들이 개인적으로 책을 읽을 때도 질문을 강조한다. 학급에서 책 읽는 동안 떠오르는 질문을 여러 학생들과 다루며 함께 성장한다.

키워드에 맞는 책을 모아서 함께 읽는다. 질문할 내용을 포스트잇에 쓴다. 질문마다 내 생각을 말한다. 《날 좀 도와 줘, 무지개 물고기》 앞 부분 세 페이지를 읽어 주었다. 반짝이 비늘이 없어서 줄무늬 물고기는 '반짝이 비늘 잡기 놀이'에 함께 할 수 없었다. 톱니 지느러미 물고기는 "자, 어서 놀자! 얘는 신경 쓰지 마!"라고 말하면서 줄무늬 물고기를 놀이에 끼워주지 않았다. 이 장면에서 4명의 학생들에게 질문을 만들어 보라 했다.

-무지개 물고기야, 왜 줄무늬 물고기와 놀지 않았어?

-톱니 지느러미 물고기야, 너는 왜 다른 친구들에게 줄무늬 물고기를 신경 쓰지 말라고 했어?

-무지개 물고기야, 반짝 비늘 있는 친구들이 줄무늬 물고기와 같이 놀지 않았을 때 무지개 물고기 너는 어떤 기분이 들었어?

이렇게 질문을 적었다. 학생들이 질문마다 자기 자신이 물고기가 되어 대답을 한다. 질문과 대답하는 과정에서 책을 다시 들여다본다. 친구들과 생활할 때 함께 어울리지 못했던 경험을 가져와 대화를 나누는 등 학생의 삶을 엿볼 수 있는 질문을 만나기도 한다.

2년 전만 해도 나는 교실에서 독서지도를 할 때 질문 만드는 활동을 강조하지 않았다. 2019년 정지혜 선생님이 수업연구교사 대회 과정에서 1년간 학생들과 프로젝트 수업한 결과를 공개했다. 수업 내용이 정확하게 기억나진 않지만, 질문 만들기에 대한 수업이었다. 40분 수업 동안 질문을 해결하는 것이 아니라, 문제 상황에 대해 어떤 내용의 질문을 해야 하는지를 다뤘다. 나는 수업 과정을 이해하지 못했다. 학생들과 수업할 내용으로는 어렵게 느껴졌다. 그러나 '질문을 만드는' 과정에 한 시간을 할애하였다. 학생들은 어려워하지 않고 1년간 다진 질문 만들기 실력을 마음껏 보여 주었다. 문제 해결을 위해 '질문 만들기'가 중요하다는 걸 처음으로 받아들였다.

여름방학 동안 정체된 느낌에서 벗어나고 싶었다. 셋째가 태어난 후 여유 없는 퇴근시간으로 출석연수에 참여하지 못했다. 2019년 셋째가 네 살이 된 여름, 내가 근무하고 있던 학교에서 그림책 공감수업 직무연수가 열렸다. 강사는 같은 학교에 근무하는 문지영 수석교사다. 문지영 수석교사는 도덕교과에서 그림책 활용 수업을 자주 공개했었다. 나에게 그림책은 다른 지식을 배우기 위한 도구가 아니었다. 그림책 그 자체에 대한 여운을 즐기는 쪽이었다면, 문지영 수석교사는 그림책을 활용하는 쪽이었다.

'그림책 감성수업과 하브루타 질문독서로 가꾸는 행복한 공감교실'이란 연수 덕분에 질문의 종류를 알게 되었다. 질문의 종류에는 내용 질문, 상상 질문, 적용 질문, 비판 질문이 있다. Who, What, Why, How를 사용하여 작가의 의도를 묻는 질문은 내용 질문, 갈등해결 방법을 묻는 질문은 상상 질문이다. 만약 나라면 어떻게 했을지 묻는 질문은 적용 질문, 토론하기 좋은 질문은 비판 질문이다. 질문을 만드는 시작 단계에서는 처음부터 질문의 종류에 맞춰서 질문을 만들게 하면 수업이 원활할 수 없고 아이들도 어려워한다. 생각나는 대로 질문을 포스트잇에 적은 후 분류과정에서 질문의 종류를 나눈다. 나는 연수를 통해 '책을 많이 읽도록 하는' 독서교육을 넘어서게 되었다. '책을 활용하여 내 생각을 나누는', 질문이 있는 독서교육으로 한 단계 점프했다.

    2020년 11월, 경남에 코로나가 잠시 진정되었을 때, 영운초 연수 장소에서 여러 선생님들과 함께 공부하는 독서토론직무연수에 참여했다. 연수 강사는 《나를 통째로 바꾸는 독서토론》 저자 정지숙 수석교사다. 정지숙 수석교사는 독서토론을 위한 질문 유형을 여섯 가지로 나누었다. 기억하기, 이해하기, 적용하기, 분석하기, 평가하기, 창조하기다. 기억하기는 내용확인 질문, 단답형으로 답이 나올 수 있는 질문이고 이해하기는 책 속에서 인물이 처한 상황을 이해해야만 문답이 가능하다. 적용하기는 내가 책 속의 인물이 되어 내 삶에 응용할 수 있는 질문이며, 분석하기 질문은 꼭 그렇게밖에 할 수 없었는지, 다른 방법은 없었는지 깊이 있게 나눌 수 있는 질문이다. 평가하기 질문은 '맞다', '아니다'의 판단형과 그런 행동이 맞는가 선택형의 질문이며, 창조하기 질문은 상황이 바뀌었다면 어떻게 이야기가 흘러갔을지 가장 고차원적인 사고력을 요하는 질문이다. 선생님들과 여섯 가지 질문 유형에 맞게 메모한 후 일대일로 선생님과 질문하고 답하는 활동을 학생의 입장이 되어 수업에 참여했다. 짝을 바꾸어 다른 사람의 대답도 들을 수 있어서 토론 시간이 금세 지나갔다.

    책의 주인공을 알기 위해, 책 속 상황을 이해하기 위해 질문한다. '나라면 어떻게 선택하고 행동했을까'를 나에게 묻는다. 나를 되돌아본다. 독서의 최종 목적지는 삶에 '적용하기'다. 책을 거울삼아 나의 생각과 마주하고 정리해 두자. 나를 알아가는 질문은 소중하다.

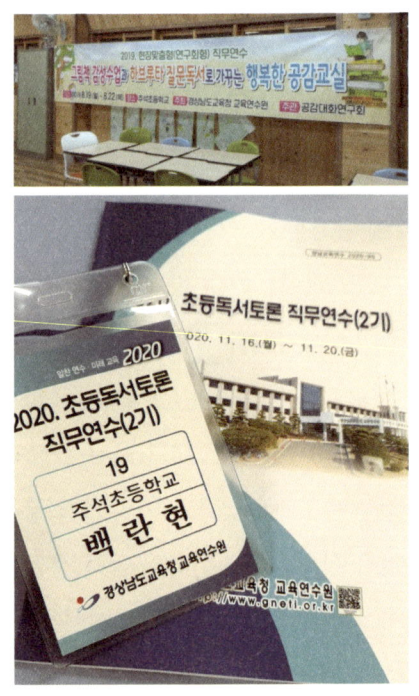

교사와 독서는 뗄 수 없는 관계

1
알면 알수록 깊이 있는 그림책 세상

"백란현 선생님은 대화에 끼어들지 못해 채팅으로 말하고 있어요."

팔레트 그림책 동아리 총무 이진아 선생님이 나를 부른다. 셋째가 옆에서 떠들고 있어서 음소거 해제를 하지 못하고 채팅으로 쓰고 있었다. 자연스럽게 서로의 이름을 부른다. 여름방학부터 내 삶의 우선순위에 오른 모임 팔레트 이야기다.

독서습관연구소 모두북 김연옥 대표와 함께 그림책 큐레이터 과정을 공부한 후 희망 선생님들과 동아리를 만들었다. 성남에 사는 이효정 회장을 중심으로 8명이 접속했다. 이정화 선생님은 '스팟&아이스브레이킹'이란 제목으로 게임을 진행했다. ABC 게임에서는 알파벳에 차례대로 점수를 정해 둔다. A를 1점, B를 2점, C를 3점, Z는 26점이다. 'ATTITUDE' 알파벳 점수의 합은 얼마인지 묻는다. 100점이다. 사랑을 뜻하는 LOVE, 돈 MONEY보다 태도 ATTITUDE 점수가 높다. 그림책 동아리 모임에서 게임을 진행하는 이유는 그림책을 읽어 주기 전 동아리 회원, 학생들과 마음을 열게 하는 뜻이 담겨있다.

과거 김해 선생님들과 함께 그림책을 공부했을 때에는 작가별, 시대별 그림책을 다루었는데, 팔레트 그림책 동아리에서는 주제별 그림책을 소개한다. 나는 한 권만 소개했을 테지만 동아리 시간에 나누는 책의 권수는 많다. 그림책의 같은 장면을 나누는 데도 시선에 따라 감상이 다르고 해석도 다르다. 신박하다.

키워드 '가족'에 대하여 그림책을 나누고 있다. 사서교사 최경숙 선생님이 《우리 가족입니다》를 소개했다. 이혜란 작가가 어릴 적 내용을 그림책에 담았다. 할머니가 시골에서 택시를 타고 엄마, 아빠가 운영하는 작은 중국집에 오셨다. 할머니 건강이 온전치 않다. 할머니는 어릴 적 아빠를 돌보지 못했다. 그래도 아빠는 "부몬데 우짤끼고."라는 말을 하며 할머니를 돌본다. 식당을 하며 돌출행동을 하는 할머니를 돌보는 일상이 녹록하지 않다. 마지막 장면에서 가족사진이 공개된다. 액자 두 개가 나란히 놓여 있다. 할머니 사진 액자는 따로 세워져 있고, 그 옆에 엄마, 아빠와 동생 그리고 '나'가 찍은 사진 액자가 있다. 가족사진을 함께 찍지 않고 사진 액자가 두 개로 놓여 있는 장면에서 동아리 선생님들과 다양한 의견을 나누었다.

"할머니 사진이 영정사진 같아요. 함께 사진 찍을 겨를 없이 할머니가 돌아가셨나 봐요. 그림책에서 처음으로 할머니가 정면으로 그려져 있어요."

할머니 사진은 택시를 탈 때 미리 챙겨온 사진이고, 액자 두 개가 나란히 있다는 건 '나'가 할머니를 가족으로 받아들였다는 뜻 같다고 내 의견을 말했다. 우리의 이야기를 듣고 있던 김연옥 대표가 말했다.

"다양한 의견을 낼 수 있어서 나눔이 풍성한 책이 좋은 책이라 생각합니다."

내가 이미 알고 있던 그림책이었지만, 최경숙 선생님의 발표 후 책의 장면으로 대화를 나누다 보니 그림책은 양파 같다는 생각이 들었다. 읽으면 읽을수록, 찾으면 찾을수록 새로운 그림과 의미를 또 찾게 된다. 아이들이 어느 정도 《우리 가족입니다》를 이해할지는 모르겠다. 가족 구성의 다양성 정도로만 인지해도 감상을 잘 했다고 생각한다.

팔레트에 모인 선생님들이 마흔 중년을 넘긴 듯하다. 집안마다 어른들의 몸이 좋지 않고, 요양원에 가서 부모의 안부를 묻고 되돌아오기도 하나보다. 어른이 되어 그림책을 감상하는 것은 삶을 간접적으로 배우는 과정이다. 그림책 덕분에 마음에 찡한 감동도 느끼고, 나의 상황과 맞물려 눈물도 흘린다.

세 아이를 키우면서 '가족' 키워드를 받고 보니 조선경 작가의 《파랑새》가 떠올랐다. 멧돼지가 '나는 어떻게 생겨난 걸까? 어느 날 갑자기 뚝 떨어져 나온 건 아니겠지?' 자신의 존재에 대해 고민하던 중 검은 점이 있는 파란 알을 만난다. 알에서 깨어난 파랑새는 '엄마'하며 멧돼지를 따른다. 날이 추워지면 파랑새는 날아가야 할 텐데 날 생각을 하지 않는다. 여러 번 날도록 연습시키지만, 날아가지 않고 엄마랑 꼬리잡기하며 살 거란다.

"어서 커라 내 새끼."라고 말하며 잠든 파랑새를 토닥거리는 장면에서 세 아이 육아하며 "빨리 커라."고 말했던 내 모습이 떠올랐다. 이후 멧돼지 엄마는 날갯짓을 하며 땅으로 떨어지고, 파랑새는 자기 자신과 같은 종류의 새와 함께 날아간다. 엄마가 땅에 떨어진 걸 모른 채.

부산에 살고 있는 박은미 선생님은 《삐약이 엄마》에서 모성애에 대해 다소 아쉬웠던 마음이 《파랑새》를 통해 채워진다고 말했다. 함께 그림책을 읽고 나눈다는 건 단리가 아닌 복리의 이자처럼 가득 얻는다. 지금은 절판되어 새 책을 살 수 없다. 교실 속 독서교육 용도로만 사용할 것을 약속 받고 사진 파일을 동아리에 공유했다.

총무 이진아 선생님은 강경수 작가의 《나의 아버지》를 소개했다. 책 속 아버지는 나이 들어간다. 자전거도 못 타던 아들이 든든하게 자란 장면을 보여 주었다. 나는 '아버지' 주제 그림책을 볼 땐 감정을 절제한다. 경제적으로 넉넉지 않은 상황에서 자랐기에, 나는 친정에서 벗어나려는 마음이 컸다. 대학생 때 교사 발령을 받기 전이었지만, 아버지는 운수업 형편이 어려워 내 명의 카드로 현금서비스를 받아갔다. 운수업이 잘되지 않아 일하는 경비는 필요했으나 일거리는 없었다. IMF 시기에 학자금 대출로 대학을 다녔다. 아버지가 일을 해서 돈을 벌어도 차가 고장 나거나 교통사고가 일어나기도 했다. 아버지 몸이 크게 다치지 않아 다행이었고, 짐이 망가지지 않아 안심했지만 차를 수리하는 데 돈이 들어간다. 돈은 빌릴 곳이 없으니 나에게 빌려 가셨다. 여전히 운수업은 잘되지 않고, 기름 값 등 경비는 모자란다. 교대 공부 시킨 것이 아버지 덕분이라 하신다. 어느 정도 맞는 말씀이다. 아버지를 다 이해할 수 없지만, 아버지의 마음에 맞춰 맞장구칠 줄 안다. 빛바랜 사진 속에서 일곱 살의 나와 젊은 아빠가 안고 찍은 사진이 있다. 그 사진처럼 '아빠'하고 안기면 "중년 부인이 애 같이 안기냐?" 하시면서도 좋아하신다. 《나의 아버지》에서 나이든 아버지의 모습에서 내 아버지를 향한 짠한 마음이 몰려온다.

독서교육에 입문했을 때, 나에게 있어 그림책은 책 읽는 재미

를 알게 한 책이다. 읽은 책보다 읽지 않은 책이 더 많다. 출간된 책보다 출간되지 않은 그림책이 더 많다.

그림책을 어린이들만 읽는 책으로 생각하고 있는가? 내가 가입한 '독서습관연구소 모두북' 카페에서는 '그치그치' 그림책 테라피 동아리가 신설되었다. 2022년 1월부터 그치그치 동아리 회원이 되었다. 그림책을 선정하여 읽어주는 교사가 미리 질문 두 가지를 생각해 온다. 동아리 모임 당일 발표자가 줌에서 그림책을 읽어주고 질문을 던진다. 회원들은 소회의실에서 돌아가며 질문에 대하여 자신의 이야기를 한다. 서로를 토닥일 수 있는 공감대화의 시간이다. '희망'을 주제로 한 그림책 테라피 시간을 내가 준비하고 있다.《행복한 청소부》,《피튜니아, 공부를 시작하다》두 권의 책이 떠오른다. 교직 경력 18년 차 현재, 나에게 그림책은 알면 알수록 나를 돌아보게 하고, 내 마음을 돌보게 해주는 선물이다. 그림책 세상에서 서로 마음을 돌보고 생각도 자랐으면 한다.

2

읽고 쓰는 삶의 시작

작가진쌤 이진혁 작가의 《초등 집공부의 힘》 원고 체험단 소식을 듣고 응모했다. 사전에 읽고 소감을 출판사에 보내면 책에 실어준다고 했다. PDF로 된 원고를 읽을 때 마치 편집자가 된 기분이었다. 수록된 교과서 사진도 꼼꼼히 살폈다. 소감을 여러 줄 보냈고, 출판사에서 책에 넣는다고 했다. 어머! 내 소감은 뒤표지에도 들어가 있었다. '세자매맘백쌤'이란 표기와 함께. 체험단 덕분에 읽고 쓰는 삶의 경험치가 쌓였다.

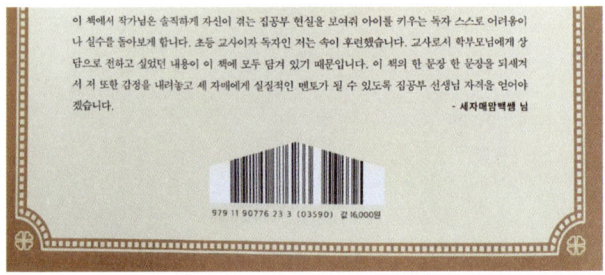

2012년 2월, '카우걸' 이웃의 블로그에서 '삶'이란 카테고리를 봤다. 아이들 독서 육아 위주로 기록하던 블로그에 나만의 카테고리에 '2012. 나의 삶'을 만들었다. 가끔 일기를 썼다. 독서 육아 내용 외에 내 이야기를 따로 기록할 공간이 있으니, 생각나는 대로 마구 워드 쳐도 문제될 것이 없었다. 이렇게 삶 카테고리를 추가한 날이 쓰는 삶을 시작했던 날인가 보다. 업무를 하다가 속상했던 일을 이곳에 썼다. 근처 산책이라도 할 때면 내 사진도 첨부했다. 일상의 기록이 쌓이는 재미도 느꼈다. '2012. 나의 삶'을 종료하고 '2013. 나의 삶' 카테고리를 추가했다. 해마다 '독서 육아'와 함께 '나의 삶' 카테고리 늘리는 재미가 쏠쏠했다.

쌍방향 수업을 위해 노트북을 마련했다. 밤 또는 주말에는 다양한 강좌도 들었다. 공부한 내용을 공책에 써두는 것은 찾아보기 어려울 것 같았다. 줌으로 강의 들은 내용을 블로그 '연수' 카테고리에 메모했다.

블로그를 계속하다 보니 서평단 신청 기회도 찾아왔다. 서평단이 될 때마다 블로그를 인정받는 것 같았다. 서평단 활동을 통해 읽고 글 쓰는 생활에 몰입했다. 《작가는 처음이라》를 읽고 서평 글을 올렸다. 서평 덕분인지 저자특강도 알게 되어 줌으로 들었다. 김태윤 작가는 마흔 살에 책을 낸 후 화장실에서 울었던 경험을 들려주었다. 책을 낸 후 회사 사람들이 작가를 달리 보기 시작했다고 말했다. 책을 쓰기 위해 자료를 모으는 과정 또한 보여 주었다.

강좌 정보 중에 다꿈스쿨 다줌특강도 있었다. 카페에서 보낸 쪽지를 읽다가 황상열 작가의 '블로그 글쓰기로 책까지 출간하는 법' 공지를 읽었다. 블로그 글이 책이 된다는 말에 궁금해서 강의를 들었다. 비슷한 시기에 김진수 선생님의 '신규교사 꿀팁'이란 유튜브 영상을 봤다. 나의 제자가 임용고시를 막 치른 시점이라 교직에 대한 궁금한 점을 나에게 자주 물었다. 학교에 갓 입학한 초등 1학년처럼, 제자는 학급운영에서 상식으로 알 것 같은 내용도 나에게 질문을 했다. 나보다 어린 선생님들에게 나의 노하우를 충분히 나눌 수 있겠다는 용기도 생겼다. 블로그 글쓰기 강의와 신규교사 꿀팁 유튜브 영상. 두 가지 경험 덕분에 백작가가 되어야겠다고 다짐했다.

블로그 카테고리를 정비했다. 정보성 글이나 에세이 구분 없이 그저 내 글을 읽어 주었으면 하는 가족, 학생, 학부모, 교사로 대상을 나누어 글을 쓰기 시작했다. 황상열 작가가 운영하는 '닥치고 글쓰기' 과정에 합류했다. 매일 아침 카톡으로 글 주제를 받고 당일 중 블로그에 글을 썼다. 10만 원의 회비는 위대했다. 돈이 아까워서라도 매일 블로그 글을 쓴 후 잠들었다. 다음 달에도 '닥치고 글쓰기' 과정에 함께 했다. 60일간 주제 글쓰기를 해냈다. 황상열 작가는 문장이 긴 편이란 조언 외에는 말을 아꼈다. 60일을 채우고 나니 블로그에 쌓인 글 덕분에 뿌듯했다. 황 작가는 '매일 글 쓰는 작가가 진짜 작가'라고 하며 '백작가'라고 불러주었다.

김진수 선생님은 책을 써야 한다고 독서 마라톤에 참여한 선생님들에게 말했다. 교사의 일상에서 쓸 내용이 많다는 말이다. 책 쓰란 말을 여러 번 듣다 보니 나도 책을 낼 수도 있겠다는 마음이 생겼다.

'100일 동안 33권 읽기'를 진행하는 책바침 2기 오픈 카톡방에 김진수 선생님이 책쓰기 무료특강 신청 링크를 올렸다. 노트북도 있겠다, 금요일 오후 특별한 일정도 없겠다 싶어서 이은대 작가의 책 쓰기 무료특강을 들었다.

"제 강의를 듣지 않은 사람이 손해이기 때문에 몇 명이 무료특강에 들어왔는지는 관심 없습니다. 비가 오나 눈이 오나 매일 책상 앞에 앉아 뭔가를 꾸역꾸역 쓰는 사람, 매일 글쓰는 사람이 작가입니다. 시중의 책은 잘 쓴 것이 아니라 잘 고친 것입니다. 그냥 막 쓰세요. 눈에 보이는 것부터 오감으로 쓰세요. 오늘 당신의 하루는 어땠나요? 에세이의 정통은 나의 경험과 나의 감정을 쓰는 것입니다."

두 시간 강의를 들은 후 강의 내용을 블로그에 올렸다. 김진수 선생님이 댓글을 남겼다.

"시간 내어 들으셨네요. 이은대 작가님은 제 스승님이세요. 백쌤, 책 쓰기 관심 있으시면 사부님 코치 받으세요. 백쌤은 책 써야 해요."

2020년 11월 13일, 이은대 작가 책 쓰기 무료특강을 한 번 더 신청했다. '무료인데 뭐 어때? 한 달 전 매번 강의 내용을 바꾼다고 했는데, 진짜인지 확인 겸 한 번 더 들어보자.'

"책을 쓰는 이유는 일하는 시간을 줄이기 위해서입니다. 책을 쓰면 소득이 올라가고, 시간적인 자유도 누릴 수 있습니다. 책 쓰기란 나의 경험으로 타인을 돕는 세상에서 가장 자유로운 일입니다. 그리고 경험의 범위에 성공담만 넣을 필요는 없습니다. 아픈 사람 마음은 아파본 놈이 제일 잘 압니다. 여러분의 약점과 단점이 가장 큰 위로와 격려의 책이 될 수 있습니다. 성공 스토리 지금은 지겹습니다. '취업 도전 나처럼만 하지 말라'라는 책을 쓸 수 있지요."

당당한 어조로 두 시간 강의를 듣고 나니 나도 당당한 사람이 된 듯 속이 시원했다. 질문할 기회가 있어서 질문을 했다. "책을 쓰고 싶긴 한데 일과 관련된 것을 써야 할지, 일상을 써야 할지 모르겠네요."

"이러한 질문은 머리로 글 쓰는 사람의 질문입니다. 두 편의 글을 가져와서 보여 준 후 질문해야 합니다."

읽는 삶과 쓰는 삶, SNS에서 만나는 사람들과 함께했다. 그들은 독서가이거나 작가인데, 나와 가까이 알고 지낸 사람들 중에는 작가를 만나지 못했다. 두 곳 학교에서 함께 근무한 교감선생님에게 책을 써보라고 권했다.

'작가'라고 칭하고 쓰는 삶을 산 지 1년이 되었다. 책을 읽고 글을 쓰면서 화가 치미는 일이 그전보다 줄었다. 다혈질 성향을 가진 내가 차분해졌고, 수다를 좋아하는 내가 글로 쓰는 걸 편하게 여기게 되었다. 선생님들과 대화를 할 때 들을 수 있는 여유도 생겼다. 블로그에 교단일기를 쓰면서 교사의 삶을 공개한다. 진정성 있게 삶을 드러낸다. 읽고 쓰는 삶 덕분에 나는 당당하다. 1년 동안 변화를 생각하면 5년, 10년 후 읽고 쓰는 삶으로 내가 어떻게 바뀌어 있을지 기대된다. 함께 읽고 함께 쓰자.

3

재미있으니까 같이 읽어요

내가 달라졌다. 읽고 쓰는 삶을 시작하면서 책을 나누는 일에 재미를 붙였다.

《독서교육 콘서트》를 받았다. 경남연수원에서 초등독서토론직무연수 교재로 사 준 것이다. 2년 동안 도서관에서 세 번 빌려 읽다가 몇 달 전 구입했다. 책이 필요한 다른 선생님에게 선물하고 싶었다. '책바침 2기' 카톡에 선착순 1명으로 공지했다. 《나는 혁신학교 교사입니다》 저자 배정화 선생님이 먼저 답을 했다. 자택으로 책을 보냈다.

《선생님! 오늘 하루 어떠셨어요?》를 선물 받았다. 쌤튜브 라이브 집콕 연수에서 연간 수업일수 190일을 맞혀 받았다. 저자 최창진 선생님이 강사였다. 2월부터 6월까지 100일간 교단일기를 쓸 수 있도록 동기부여를 해준 책이다. 구입해서 읽었고, 교단일기도 도전했다. 소중한 책을 한 권 더 그냥 갖고 있기엔 아깝다. '자기경영노트' 회원 중에서 책 필요하신 분에게 보내드렸다. 강원도까지 저자 사인이 있는 책을 보냈고 잘 전달되었다.

작년 한 해 동안 학급 친구들에게 책을 한 권씩 선물했다. 학교를 옮기기 전, 교실에 있던 《한국사 편지》 세트를 학생들에게 나누었다. 형석이는 눈치를 보더니, 남은 책을 케이스와 함께 1~5권 구성을 맞추어 가져갔다. 책 욕심내는 녀석이 기특했다.

올해에는 그림책을 읽어 주고 비치해 둔다. 같은 책을 여러 번 반복해서 읽는 친구들에게 책을 구해 선물하고 있다. 학생들의 솔직한 마음을 알아보고자 '문장완성검사'를 한 적 있다. 수정이는 '가장 받고 싶은 선물' 질문에 '판다 목욕탕 책'이라고 내용을 채웠다. 책을 갖고 싶어 하는 마음을 칭찬하며 《판다 목욕탕》을 선물했다. 지성이는 《달라서 좋아요》 책을 반복해서 본다. "선생님, 혹시 '달라서 좋아요' 책 낡아서 버리게 되면 저한테 버려주세요." 이 한마디에 선물을 주고 싶었다. 절판이었기에 중고 책을 검색했다. '최상'의 중고책을 구입하여 지성이 책상에 올려두었다.

교실에 전집을 갖다 두었다. 한솔교육에서 나온 《가까이 보는 자연이야기》, 《지원이와 병관이》 시리즈, 《고 녀석 맛있겠다》 시리즈, 교원《3D 애니메이션 명작》, 교원《솔루토이 환경》 등 교실 창가 아래 책꽂이에 꽂았다. 창가의 책은 흐트러짐 없이 먼지만 쌓였다. 어느 날 아침 활동 시간에 자연이야기를 한 권씩 보는 아정이를 발견했다.

"선생님이 갖다 둔 책 활용해 주어서 고마워."

"네."

우리 집 책장에만 꽂혀 있다면 많이 봐야 독자는 2~3명일 테지. 교실에 두면 27명이 볼 수 있다. 교실이든 집이든 책장에 도서관 이름 붙여본다. "희희희 도서관"

DID 저자특강에서 김진향 작가 강의를 들었다. 강의를 듣기 전 《감성 글쓰기》를 구입했다. 그리고 《감성 글쓰기》를 2주간 필사했다.

"어떻게 전달할까? 좋은 표현을 찾기 위해 고민하고, 전달력을 높이기 위해 불필요한 생각의 가치를 제거해 나간다."를 적은 후 블로그에 글을 덧붙였다.

"제거해 나간다는 말에 글쓰기의 지혜를 얻습니다. 감성 글쓰기도 술술 잘 넘어가는 책인데, 겉으론 보이지 않지만 많은 제거를 통해서 전달력을 높인 책이라는 것을 또한 확인합니다. 감성 글쓰기 책에 있는 여백이 저를 여유롭고 편안하게 만듭니다. 시집 같기도 하고, 일기 같기도 한 감성 글쓰기!"

김진향 작가가 블로그에 댓글을 적어 주었다.

"제 의도를 정확하게 알아주시니 너무 기뻐요."

작가와의 소통을 경험하며 SNS에서 책을 함께 읽을 수 있겠다는 생각이 들었다. 이후 책을 읽고 '책+삶 글쓰기'라는 제목을 붙여서 필사 글에 내 일기를 기록했다. 《초등 하루 10분 독서 독립》, 《교사의 독서》, 《교사의 시선》, 《강원국의 글쓰기》, 《나를 지키며 사는 법》 등 기록을 공유하면서 함께 읽고 싶었고 이웃도 많아졌다.

"평소에 쓴다는 것은 단지 글을 조금씩 쓴다는 의미만은 아니다. 평소에 자신의 생각을 생성, 채집, 축적해두어야 한다. (중략) 써둔 글에는 이자도 붙는다. 써둔 글이 늘어나면 그 안에서 자기들끼리 화학반응을 일으킨다. 서로 관련이 없는 것이 부딪쳐서 새로운 것을 만들어낸다."

《강원국의 글쓰기》에서 평소 쓰기 위한 네 가지 도구 내용을 읽고, 요리가 필요 없을 때 물고기를 잡는 것처럼 일상의 경험도 글감으로 쌓아야겠다는 생각을 했다. 아이들 챙기는 일, 학교 인사이동 서류 누락으로 제출하러 간 일, 큰딸이 다이어트 하겠다며 특별식(?)을 해달라는 과정 등 일상의 글감을 챙기려는 메모를 올려두었더니 함께 책 읽고 글 쓰자는 연락이 왔다. 책 읽은 부분을 나누고, 내 생각을 나눌 때 뜻이 맞는 친구도 얻었다. 그 친구는 나와 공저를 쓴 '오후의 발견' 독서교육 전문적학습공동체 이희정 회장이다.

독서교육에 대해 많은 경험을 가지고 있지만, 지속적으로 책을 소개하고 독서활동도 공유하면 좋을 것 같았다. 《행복한 청소부》를 정독했다. 읽으면 읽을수록 보물문장을 찾게 되는 책, 현재 독자의 상황에 따라 재해석되는 그림책, 초등 고학년 이상 추천이란 제목으로 글을 올렸다.

"표지판은 말야, 닦아 놓았나 싶으면 금방 다시 더러워지지. 그러나 훌륭한 표지판 청소부는 그런 일에 기죽지 않아. 더러움과의 싸움을 포기하지 않는 거야. 이제 내가 부족한 게 뭔지 알 것 같아. 좀 더 일찍 책을 읽을 걸 그랬어. 하지만 모든 것을 다 놓친 것은 아니야. 강연을 하는 건 오로지 내 자신의 즐거움을 위해서랍니다. 지금 내가 하는 일을 계속하고 싶습니다."

행복에 대해 대화 나누기 좋은 책, 학생들이 즐기고 있는 문학과 음악에 대해 나눌 책.

보건예술교육을 연구하는 이영미 보건선생님은 나의 책 소개 글을 읽고, '딱 내 마음'이라고 하셨다. 함께 읽는 기쁨을 쌓았다.

《읽기와 쓰기를 다 잘하고 싶은 사람이라면 지금 당장 베껴쓰기》에 꽂혀 있을 때 같은 학교 박분선 영어회화 강사와 대화를 나눴다.

"베껴 쓰기는 제대로 잘 읽는 훈련이다. 쓰기가 아니라 읽기다. 한자어로 필사, 영어로는 카핑이다. 한 줄씩, 한 단락씩 문장을 베껴 쓰다 보면 눈으로 읽을 때는 보이지 않던 것들이 확연하게 보인다."

학급 학생들에게 독후활동의 부담을 줄이고 베껴 쓰기 식으로 독서록을 채우게 해야겠다는 마음을 먹었다. 영어를 가르치는 박분선 선생님은 베껴 쓰기 책을 읽어보고 영어지도에서 베껴 쓰기를 강화해야겠다고 말했다. 내가 읽은 책을 나눈다는 것은 나에게도 실천의지를 준다.

책을 읽으면 무엇이 좋을까?라는 질문에 《독서교육 콘서트》 83쪽에는 R.E.A.D.로 답한다. Reader 리더, Energy 에너지, Action 실행력, Division 나눔이다. 내가 책을 읽고 에너지를 얻으며 교실 속에서 실행한 결과를 다른 사람들과 나누어 함께 성장하자. 혼자 가면 빨리 가고, 함께 가면 멀리 간다.

4

교사의 성장은 모두의 성장

"자기 글 수정해서 내일까지 파일 올리기."

'오후의 발견' 회장 지시다. 2차 교정 파일을 받았다. 1차 때 나의 글과 다른 선생님 두 명의 글을 교차 점검했다. 주석기능도 처음 사용해 본다. 어색한 문장을 찾아준 선생님들 덕분에 내 원고가 매끄러워졌다. 그런데 또 다시 읽어보니 어색한 문장 투성이다. 내일까지란 말에 다른 일을 멈춘다. 파일을 연다. 나를 포함해 여섯 명의 선생님이 부탁했던 추천사가 실려 있다. 추천사를 받았을 때 짧았던 글이 책으로 변신(?)하니 한 페이지가 넘는다. 신기하다. 마지막 페이지에 저자 소개 글도 들어 있다. '학교도서관 운영 및 초등 독서교육 전문가이자 매일 글 쓰는 白作입니다. 매일 책 읽어 주기를 실천하고 있으며, 김해독서교육지원단으로 활동하고 있습니다.' 자칭이지만 '초등 독서교육 전문가'라고 적었다.

"우리 공저 같이 써볼래요?"

작년 '책바침 2기' 모임이 끝난 후 이희정 선생님이 나에게 댓글로 물었다.

"좋지요." 작가는 되고 싶고 한 권을 쓰기엔 부담이 되었다. 출간에 대한 지식은 없었지만, 상호 배울 수 있을 것 같다. 구은복, 이윤희 출간 작가도 한 팀이 되었다. 그리고 이왕 모이는 김에 교육청 예산을 받을 수 있는 공문을 보고 응모했다. 책값이라도 지원받기 위해서였다.

'경상남도교육청 학교 연합 교사 독서교육 전문적학습공동체 오후의 발견.'

이희정 회장이 아니었다면 이러한 전문적학습공동체를 모집하는지도 몰랐다. 10팀만 뽑았다. '오후의 발견' 신생팀이 뽑혔다. 우리 학교에도 내 이름이 들어간 공문이 뿌려졌다. 실실 웃음이 난다. 공문을 열어볼 사람은 많지 않겠지만, 독서교육 파트에서 중요한 사람이 된 듯했다.

'오후의 발견'에서 자주 말한 단어는 '성장'이었다. 독서와 글쓰기를 성장의 도구로 생각하고 있었다. 우리에게 공통 분모였다. 격주 일요일 오후 3시, 줌으로 만났다. 아이들이 하교한 오후 시간은 나를 돌보고 아이들을 가르치기 위해 준비하는 시간. 오후를 알차게 사용해야 한다. 그러한 마음으로 팀명을 정했다. 작년 경남 독서토론 연수 강사로 함께 한 김진수 선생님이 나에게 "경남 독서문화를 이끌어 갈 그날을 기대한다."고 했던 말이 떠오른다. 이것이 말의 힘인가? 혼자보다는 여섯 명의 선생님들과 함께라면 경남 독서문화를 이끌 수 있겠다는 자신감이 생긴다.

우리 전문적학습공동체 팀의 연구주제는 "읽는 독자에서 쓰는 저자의 삶을 꿈꾸는 교사 성장 프로젝트"이다. 1학기에는 읽는 독자의 생활에 집중했다. 책을 읽고 생각을 나누기도 했고, 학급에 월별 키워드에 맞추어 수업을 진행했다. 그 결과를 교단일기로 기록하여 서로 나누었다. 나의 경우, 새 학교로 옮기고 적응하는 과정에서 이전 학교와 시스템이 다른 면에 대해 느낀 점이 많았다. 선생님들이 나에겐 새 학교를 발견해 보라고 했다.

일과 외의 시간을 내어 일요일에 모임을 갖는 걸 보면 신기하다. 교사로서의 내 고민을 먼저 풀어 놓았을 때 묵묵히 들어주고 도움이 되는 절차도 알려주었다.

함께하고 있는 구은복 선생님은 자신의 수업 아이디어와 생각을 가감 없이 드러내고 알려줄 수 있어서 기쁘다고 했다. 나도 같은 학교에서 뭔가를 해보려고 내 생각을 비추다 보면 선생님들은 시간적 부담을 가지는 경우도 있었다. 구선생님의 마음을 이해할 수 있었다.

공저자에 이름을 올려보고자 했던 마음으로 망설임 없이 같이 하자고 했었다. 오히려 제안한 이희정 회장이 나의 초긍정 대답에 놀란 눈치였다. 모임을 일 년 가까이 해오면서 내 교실에서도 변화가 일어났다. 다 같이 참여한 아동 시 쓰기 연수에서 배운 걸로 반에 시 쓰기를 진행했다. 부크크 사이트에서 학급 시집도 만들었다. 어리게만 느껴졌던 2학년의 마음에 참한 시가 들어 있다는 것에 놀랐다. 내가 시켜보지 않았다면 발견할 수 없었을 터다. 오후의 발견 덕분에 아이들의 재능도 발견했다.

어느 날은 가을에 대해 시를 쓰라고 했더니 한 남학생은 "가을은 싫다. 방학이 없어서!!"라고 적어서 보여 주었다. 과거의 나였다면 "한 번 더 생각해 보고 다시 써와라!"라고 피드백했을지도 모른다. "하하하 맞네. 가을방학이 없구나." 검사 도장을 찍어주며 웃었다. 시 쓰지 않고 가만히 있는 녀석들보다 백 배 천 배 낫다.

교사의 성장은 모두의 성장이다. 나의 말 한마디에 영향을 받아 독서지도사 자격증 과정을 공부하고 있는 학부모도, 가을 방학 없다고 짧게 시를 쓴 학생도 나와 함께 성장한다. 모르는 선생님이 내 강의를 듣고 싶다고 연락을 해오는 경험, 함께 성장의 과정이다. 내가 성장하는 만큼 발자취를 기록하고 싶다.

'오후의 발견' 경상남도교육청에서 예산을 지원받아 책 구입에 알뜰히 사용했다. 보고서를 작성할 때 회장은 팀원에게 일 년간의 활동 소감을 내라고 했다.

"선생님들과 공동체를 이루었습니다. 학교를 옮긴 후 적응이 쉽지 않았으나, 오후의 발견 전문적학습공동체 덕분에 다른 선생님들의 입장과 고충을 듣고 함께 힘을 낼 수 있었습니다. 주제별 프로젝트 덕분에 체계적인 학급 운영이 가능했고, 서로 나누어 준 사례 덕분에 수업 아이디어를 발전시킬 수 있었습니다. 무엇보다도 공저자로 출간을 앞두고 있어서 교육 에세이 영역에 눈을 뜨게 되었습니다. 서로 성장을 응원하는 공동체로 계속 유지 발전하길 소망합니다."

교사들이 공저를 한 권 냈으니, 내년 '오후의 발견' 모임에서는 학생들의 공저 출간을 하면 어떨지 의논을 했다. 평범한 교사가 작가가 되었다. 학생들에게도 글 쓰는 삶을 물려주고 싶다. 공동체 구성원들이 같은 목표를 위해 내년에도 뭉치려고 한다. 회원 교사들 각 학급에서 꼬마 작가  시 쓰기 프로젝트를 진행한다면 작가로 데뷔할 수 있는 학생의 수는 100명이 훨씬 넘을 것이다. 교사와 아이들에게 책 쓰기를 권한다. 미덕의 보석들에 나오는 인내, 용기, 진실함 등 책 쓰기 덕분에 채울 수 있는 덕목이 가득하다.

5

내가 독서교육 강의를?
김해독서교육지원단

    소회의실이 어디지? 2층이라고 했는데, 찾지 못한다. 1층과 2층 사이 계단에서 건물 배치도를 봤다. 내려가서 확인해 본다. 교육장실 옆이 소회의실이다. 2층엔 교육장실 표시만 되어 있다. 조심조심 들어가 본다.

    "독서교육지원단 회의 오셨어요? 이쪽입니다."

    공문에 의해 김해교육지원청에 출장을 오니 마음이 설렌다. 회의 결과 학급 독서동아리 발표회 4개의 팀 중에 나 포함 3명의 지원단이 D팀 진행을 맡았다. "제가 진행할게요." 12월 14일에 진행을 하면서 다른 학교에서 진행한 작가 초청 강연 기획과 결과에 대해 질문했다. 지원단으로 활동하지만 오히려 지원을 받았다.

    평소에 나에게 배정되지 않은 공문도 매일 훑는 습관을 가지고 있다. 그 덕분에 지난 2월 김해독서교육지원단 모집 공문을 읽었다. 모집 인원은 여섯 명이다. 학급 독서교육 지도 아이디어를 나누는 정도로 지원을 하면 될까 싶어 지원했다. 내게 배정된 공문은 아니지만, 혹시 다른 선생님들 신청자가 있을지 물어보았다. 아무도 없다. 내 이름만 넣어서 결재 받고 공문을 보냈다.

2021학년도 김해독서교육지원단 신청서에 총 경력 17년, 관련 경력(생략 가능)에는 '도서관 운영 5년, 독서교육 업무 7년, 2015학년도 월산초 독서교육부장, 2018년부터 2020년까지 초등학급독서동아리 교육지원청 지원 받음'이라고 썼다. 도전하는 삶이다.

독서교육지원단 확정 공문을 기다렸다. 3월 중순, 6명이 아닌 9명의 명단에 내 이름이 8번에 있었다. 김해독서교육지원단이 되었다. 바로 출장 날짜가 정해졌다. 초임 시절 함께 그림책 소모임을 했던 최경림 선생님도 있었고, 학교별로 독서교육을 맡은 선생님, 도서관을 맡은 사서 선생님도 있었다. 현재 나에겐 담임교사와 독서교육을 좋아하는 것 외엔 내세울 것이 없었지만, 생략 가능 공간에 도서관 운영 경력을 적어두어서 다행이다. 공문에 의한 명단이다. 자칭 전문가에서 공식적인 '독서교육 전문가'가 되었다.

독서교육지원단 역할

2021. 「행복한 학급독서」학급독서동아리 공모 심사

2021. 「행복한 학급독서」학급독서동아리 컨설팅
2021. 독서교육 관련 연수, 행사 지원 및 운영
교육과정과 연계한 한 학기 한 권 읽기 등 행복한 독서 문화 조성 및 확산

맨 마지막 역할을 제일 잘할 수 있을 것 같았다. 첫 날엔 학급 독서동아리 공모 심사를 했다. 9명의 선생님들은 3~6학년 지원팀에 책 구입 예산을 주고 싶어 했다. 2학년을 맡고 있는 나의 경우, 저학년에도 지원을 몇 학급이라도 해주었으면 하며 의견을 냈다. 저학년엔 그림책 위주이니 학급 비치용으로 학급에 2권씩 지원키로 했고, 3~6학년에는 독서단원 지도를 수월하게 하기 위해 학생 당 한 권을 지원하는 방안으로 의견을 모았다.

5월이 되어 '수업혁신 네트워크 지원단' 컨설턴트 명단 안내와 컨설팅 요청 절차 공문이 김해 전체 초등학교에 전달되었다. 외부 컨설턴트에게 연수를 해달라고 의뢰하면 필요한 주제에 맞게 공부를 할 수 있다. 컨설팅 횟수가 교원 성과상여에도 일부 영향을 주기 때문에 컨설팅을 거의 다 신청하는 편이다. 수업지원, 평가지원 등 다양한 영역이 있었다. 컨설턴트 명단에 유명한 수석교사들이 많았다. 김해에 근무하면서 컨설팅을 받은 횟수만큼 컨설턴트

명단이 내게는 익숙하다. 마지막 장에 독서교육지원단 컨설턴트 백란현. 공문을 보는 순간 당황했다. 이렇게 갑자기 김해 60개 초등학교에 독서교육 전문가로 내 이름을 알려주게 되었다.

일주일이 지난 후 전화가 왔다. 내 전화번호를 잘 알고 있는 이전 학교 3학년 부장이다.

"부장님, 독서교육 어떤 주제로 해드릴까요?"

"선생님이 해줄 수 있는 주제로 컨설팅해 주세요."

난감하다. 국어 교과서 분석과 그림책 활용, 독서단원 지도법 등 몇 가지 준비를 했다. 나는 대면 강의를 원했으나 선생님들은 줌 강의를 원했다. 게다가 3, 4학년 선생님들 동시에 접속한다 하니 국어 교과서 분석도 두 배다. 준비 기간이 3주 걸렸다. 내 교실에는 줌을 사용할 상황이 되지 않았다. 2학년 교실엔 쌍방향 수업을 하지 않고 있었기 때문이다. 여러 번 줌 테스트를 했고, 마이크는 개인용으로 준비했다. 핸드폰도 동시 접속하여 피피티가 넘어가는 속도를 체크했다. 줌에 혼자 들어가 PPT를 화면 공유하여 연습했다. 혼자 녹화해서 확인하기를 여러 번. 약속한 날이 다가올수록 긴장이 되었다. 책을 소개할 때 책을 스캔해서 보여줘야 했기에 준비 시간이 더 길었다.

첫 강의를 시작할 때 선배 선생님이 "백쌤, 줌 배경을 희미하게 해놓아서 제가 보기에 상당히 불편합니다. 가상 배경을 없애면 안

됩니까?"

긴장하고 있는데 선배의 일침. "선생님, 제가 강의 준비하느라 제 뒤에 정리를 못했어요. 잠시 후에 화면 공유하면 조금 나아질 거예요."

"그러면 열심히 연구하신 걸로 알고 있겠습니다. 이해하겠습니다."

첫 강의를 3, 4학년용으로 준비하면서 사전에 동화책을 많이 읽은 시간이 나에게 큰 도움이 되었다. 《만복이네 떡집》 등 동화책을 학급에 읽어 주었으며, 다양한 책 놀이도 학급에 적용해 보았기 때문이다.

강의가 끝난 후 처음으로 강의를 잘 마친 것에 대해 벅차오르는 기쁨을 느꼈다.

강의 끝나고 그다음 주에 이전 학교 5학년 부장이 컨설팅 의뢰 전화를 했다. 작년에 동학년이었던 선생님이다. 수락하려니 부담스러웠다.

"부장님, 희진이 담임선생님도 계시고, 독서교육 잘하는 지혜 선생님도 계시는데 부담되네요. 제가 공부를 더 많이 해서 2학기 초에 강의해 드릴게요."

줌 강의가 모두 끝났다. 날아갈 것 같다.

내년엔 더 많이 아동 책을 읽어보고 사전 준비를 철저히 하고 싶다는 생각과 함께.

"백쌤, 우리 학년 컨설팅 좀 해주라."

유능한 컨설턴트를 제치고 우리 학년에서는 날 선택했다. 선생님들에게 도움이 되는 내용으로 준비해야 한다.

2학년 2학기 국어 교과서와 원작 비교자료를 만들었다. 집에 있던 그림책을 캐리어에 가득 넣었다. 그리고 PPT 중에 강조할 내용을 포함하여 인쇄했다. 내 소개도 당연히 포함. 나를 공식적으로 자랑할 기회였으니까. 서로에 대해 잘 모르기 때문에.

'작가'라고 공식적으로 소개했고, 초고를 쓰고 있다고 말했다. 그리고 무엇보다도 다양한 책을 교사가 즐기고 읽어 주는 삶을 살기를 권했다. 교사의 독서 삶은 학교 독서교육의 질을 좌우한다고 당당하게 말했다. 1시간 대면 강의시간을 가득 채웠다. 캐리어에 가져간 책은 한 달간 연구실에 두기로 했다. 선생님 책을 읽어 보는 모습에 감동이 몰려왔다. 나눔의 뜻을 말로 정의하기 어려웠다. 내가 알고 있는 범위에서 최대한 쏟아낸 기분.

이전 학교 선생님들 대상 강의와 현재 동학년 선생님들 대상 강의가 가장 부담되었다. 1년 전의 나였다면 강의하겠다고 했을까? 절대 못한다고, 능력 없다고 말했을 것이다. 그렇게 말하는 것이 겸손이고 예의인 줄 알았다. 강의 기회가 왔을 때 준비의 부담은 있었지만, 일정을 잡아 선생님들을 만났다. 내용을 기억 못하더라도 독서교육에 대한 열정이라도 전하고 싶었고, 전했다고 생각한다.

계동초 강의를 마친 후 계동 교감선생님께 전화를 드렸다.

"교감선생님, 러시아 잘 다녀오셨죠? 너무 늦게 안부 전화 드리네요. 방금 5학년과 줌 강의 잘 끝났습니다."

"백쌤, 옛날부터 알고 있는 것 나누라 했는데, 내가 학부모와 소통하는 학급경영 강의해 달라고 했을 때 안 했지? 기억하고 있다. 자네, 여전히 열심히 살고 있네. 보기 좋다."

김해독서교육지원단으로 인하여 '기회'는 내 것으로 만들어야 된다는 것을 깨달았다. 그리고 기회를 잡기 위해서 평소에 실력을 쌓아야 한다는 것도 덤으로 알게 되었다. 독서교육 컨설팅 경험 없이 첫 강의 섭외를 받아서 3주간 강의 준비에만 전념했다. 평소에 듣고 있던 책 쓰기 수업에 대해서도 강사입장에서 강의를 분석했다. 정확한 시간, 강사의 억양, 유머, 몇 글자 들어가지 않아 강사의 말에 집중케 만드는 PPT, 수강생 입장에서 공유화면 전환 속도 차, 오프닝 노래 등.

이 글을 쓰고 있는 현재 앞으로의 독서교육 연수 강의나 저자 특강을 준비하고 진행하는 장면을 그려보며 한 가지라도 쌓으려고 국어 교사용 지도서를 펼쳤다.

기회가 주어졌을 때 놓치지 않아야 함은 물론이고, 기회는 만들 생각이다. 성장의 기회다. '독서교육지원단' 놓치고 싶지 않다.

  겨울방학이 시작될 무렵, 누나는 인플루언서 오픈채팅방 방장이 저자특강을 해달라고 연락을 주었다. 공저로 낸《교사의 일상과 성장 이야기》내용으로 한 시간 강의 해달라고 했다. 수락 후 며칠 뒤에는 독서습관연구소 모두북 단체에서 다섯 명의 저자들과 연합 저자 강의를 부탁했다. 나에게는 20분이 주어졌다. 김해독서교육지원단 활동 덕분에 저자특강을 수락해놓은 후 무엇으로 내용을 채울지 고민하고 있다. 어제보다 오늘 더 성장할 수 있는 기회다.

6

직무연수는 영상으로 하는 독서

연수를 즐긴다. 연수 강의 듣기도 습관이 되었다. 신규 2년 차부터 독서교육을 중심으로 학급운영을 했다. 코로나19 기간 동안 작가가 되고 싶다는 생각을 구체화하면서 관련 연수를 찾아보았다.

한국교원연수원 '교사의 재발견! 유튜버, 작가, 강연자 되기' 이은경 선생님의 30시간 연수를 들었다. 교직에 있다가 작가가 되고, 유튜버가 된 이은경 선생님에게 관심이 생겼다. 강사 이름과 연수 제목을 보고 서둘러 신청했다. 연수 제목도 나의 꿈과 일치했다. '학교에서의 경험을 독자, 학부모에게 나누라'는 말을 곱씹어 보았다. 아이들의 학교생활, 교우관계, 학습 등 학부모들이 궁금해하는 정보를 책을 써서 나눈다는 말에 솔깃했다.

이은경 선생님은 초등교사로 근무하는 동안 쌓은 경험과 노하우로 다작을 하고 있다. 이 분을 따라해 보고 싶었다. 연수비로 낸 돈이 아깝지 않았다. 책, 연수, 줌 강의, 카톡에 올라오는 정보 등 '작가'라는 단어를 품었을 때, 관련 정보만 쏙쏙 내 눈에 띄어 챙기게 된 것 같다. 2020년 가을에 경험한 정보들이 유기적으로 연결되어 작가의 길로 가게끔 하는 것 같았다.

10월 25일에는 줌으로 '세상에서 제일 쉬운 하루 한 장 글쓰기 수업' 연수를 들었다. 강사 박재찬 선생님은 쌤동네에서 유료로 강좌를 개설하여 수강생 모집도 해왔다. 마침 연수원에서 지원을 해주는 공짜 연수라서 3시간 연수를 미리 신청했었다. 박재찬 선생님은 룰렛을 돌리며 행운 상품으로 저서를 주었다. 정원 20명이었는데, 5명만 듣게 되어 소수 정예 과외처럼 공부할 수 있었다. 작가는 관종, 즉 교실 속에서도 읽는 독자가 있어야 함을 강조했다. 교실 속 독자는 교사와 학생들이므로 학생들끼리 작품 돌려 읽기를 권했다. 학급에 적용했다. 타이머 사용 시 쓰기를 한 후 '교실산책'이란 이름으로 책상 사이를 돌아다니며 친구들의 시를 읽어 보게 했다. 아이들이 의자에만 앉아 있다가 산책하라고 했더니 들뜬 분위기였다. 서로의 글을 읽어 본다는 건 꼬마 작가로서 관심을 받는 일이다.

경상남도교육청 교육연수원에서는 아이스크림 연수원 연수를 세 가지 지원한다. 공짜다. 어떻게 시간을 낼지 생각하지 않고 신청부터 했다. 한 개만 될까 싶어서 순위를 매긴 후 그림책 연수, 온라인 오프라인 수업, 자율의 힘 차례대로 신청을 했더니 세 강좌 모두 승인이 되었다. 3주간 90시간을 내야 한다. 특히 《그림책 놀이수업의 기적》을 쓴 이인희 선생님 강의가 기억에 남는다. 놀이와 질문이 함께하는 감동의 그림책 수업을 들으며 교실 놀이하는 방법을 알게 되었다. 그림책으로 교실 운영의 사례를 알려주었다. '강아지똥은 꿈을 이루었을까, 나와 생각이 다른 친구를 어떻게 대할까' 등의 질문에 대해 학생들의 생각을 나누고 책도 함께 읽는다. 그리고 놀이 활동으로 이어지니 아이들이 좋아할 만하다. 나도 이번 연수를 통해 배운 방법으로 방과 후 4명의 아이들과 그림책 교실을 진행하고 있다. 2021년에 들은 연수는 총 293시간이다.

11월부터는 《그림책 한 권의 힘》 이현아 선생님의 '단단하고 따뜻한 그림책 학급운영' 연수를 들었다. 티처빌 원격연수원에서는 '선생님을 위한 책, 쌤북' 15시간도 들었다. 《한 학기 한 권 깊이 읽기에 빠지다》 김연옥 선생님, 《초등 독서노트의 힘》 이은정 선생님 등 15권의 저자들이 직접 출연하여 책 소개, 책 낭독, 수업 적용 사례를 가르쳐 준다. 무료다. 12월에는 중앙교육연수원 '그림책으로 마음 열기' 15시간을 신청했다. 내가 좋아하는 서현 작가의 《간질 간질》을 교실에 적용하는 내용이 포함되어 있었다. 열흘 동안 이수해야 했다. '종료일 이후에는 학습이 불가함'이란 문자를 받는 순간 밤을 세워서라도 이수하고 싶었다. 역시 무료다.

쌤튜브 유튜브에서도 좋은 강의가 많다. 직무연수에 기록되진 않지만, 쌤튜브에서는 신학기 준비 기간에 학급운영, 학습지도, 생활지도 등 다양한 연수를 실시간으로 들을 수 있었고, 녹화본도 시청 가능했다. '문해력을 키우는 독서와 글쓰기', '비접촉 놀이로 푸는 학급 경영', '행복한 교사의 마음 경영', '글쓰기 수업' 등 다양한 방법으로 집에서 배울 수 있는 기회가 많다.

많이 들었다고 해서 연수 내용을 현장에서 다 사용하지는 않는다. 연수를 들으면서 나에게 적용할 점 한 가지 이상 찾으려고 한다. 연수를 즐겨 들으면서 연수 내용과 관계없을 것 같은 아이디어도 떠오른다. 교사로서 아이들에게 다 해주고 싶은 열정이 생긴다. 특히 《버츄 프로젝트 수업》, 《수업 방해》를 읽고, 연수도 들었을 때 학생들에게 훈계하는 방법을 바꿔야겠다는 생각을 했다. 지시를 많이 하던 모습에서 의문형으로 아이들에게 말을 하고 존중한다는 비언어적 표현을 보여주면서 학급 학생들과의 관계가 가까워지는 경험을 했다.

연수는 나의 행동을 비춰보는 거울이다. 교사로서의 진정한 권

위는 내가 먼저 아이들을 아끼고 위해 주는 것이었다.

연수는 영상으로 하는 독서다. 연수 강사들이 대부분 저서 있는 교사들이다. 특히 티처빌 연수원 〈선생님을 위한 책, 쌤북 - 전문적학습공동체·교원학습공동체 추천 주제와 도서〉에서는 자신의 저서를 풀어 교육 현장에 적용할 수 있도록 책 한 권에 20분의 영상으로 책 내용을 떠먹여 주었다. 책을 사서 한 번 더 읽으면 연수 효과는 배가 될 것이다.

연수는 기존에 가진 내 생각을 되돌아보고 바꾸도록 만들어 준다. 그리고 아이들을 가르치는 책임을 소홀히 하지 않도록 채찍질해준다.

7

매일 책 읽기로 교사 리셋

매일 10분이라도 책 읽기를 권한다.

책을 읽지 않았을 때 힘들었다. 육아휴직 없이 18년째 교직생활을 하고 있으며, 16년째 세 자매 육아 중이다. 학교와 집을 오가며 해야 할 일이 많다. 바빠서 책을 읽지 않았으나 마음도 같이 지쳐버렸다. 쳇바퀴 도는 삶이 버겁게 느껴질 때가 종종 있었다.

각종 교사들 대회에서 실적을 쌓는 동료들을 볼 때 조급한 마음이 생겼다. 현장에서 아이들을 챙기는 일은 내가 더 열정을 가지고 있는 것 같은데, 객관적으로 드러나는 일은 아니었다. 교사로서 삶에 의미를 찾는 일이 쉽지 않았다. '학교폭력 예방 기여 교원 승진 가산 점' 제도가 생긴 후 승진에 목표를 두고 있지 않는 내가 승진 가산 점을 위해 보고서를 써야 할지 말아야 할지 망설이기도 했다. 보고서를 내면 학교폭력 예방을 잘한 교사이고, 보고서를 내지 않으면 그 반대라고 생각하진 않겠지. '승진'이라는 단어가 일 년에 서너 번 귀에 들릴 때마다 승진을 준비하지 않는, 장학사 시험을 준비하지 않는 나는 무능력한 교사인가 싶어 나만의 생각에 갇히기도 했다.

책을 손에 들었다. 매일 읽는 습관을 가지기 위해 긴 시간부터 계획하진 않았고, 하루 10분을 매일 실천하려고 했다. 우선 내가 선호했던 교육서와 자기계발서를 읽으니 도움이 되었다. 하루 10분이라도 책을 읽고 출근을 할 때 의욕이 살아났다. 5학년 대상 '아침 칠판 편지'를 쓰기 위해서 《생각대로 살지 않으면 사는 대로 생각하게 된다》를 펼쳤다. 82쪽과 83쪽에서 멈추었다. '나쁜 습관을 계속 내버려두면 그 습관을 중심으로 계속 나쁜 버릇들이 쌓이게 된다. 반대로 좋은 습관만을 취해 그 수를 늘려간다면 어느새 좋은 습관만이 쌓이게 된다.'를 읽었다. 잠시 읽은 책에서 나에게 전해 오는 메시지를 느낄 수 있었다. 내가 준비할 수 없는 일에 다른 사람과 비교하지 않기로 했다.

한 명, 한 명 챙기는 디테일도 필요했다. 오늘 하루 아이들에게 책을 읽어 주었는지, 아이들에게 적극적으로 다가가서 챙겼는지를 목표로 두었다. "나는 독서교육 중심으로 학급을 매년 운영하고 있다. 나는 초등교육 및 초등독서교육 전문가다. 나는 승진보다는 성장에 집중한다."라고 스스로에게 말할 수 있었다.

'모든 큰일의 시작은 사소한 것에서 시작된다.'와 '우리는 매 순간 수많은 점을 찍으며 살아간다. 그 점들은 선으로 이어져 우리의 미래에 도달한다. 하나의 점은 작고 초라하지만 모이면 큰 힘이 된다. 기억하라. 민들레 홀씨 하나가 큰 숲을 이룬다.'를 읽으며 '오늘 하루'라는 점이 매일 쌓이면 아이들 성장에 일조하는 것이라 생각했다.

학부모 상담 주간, 궁금한 점 사전 설문지를 받은 적이 있다. 상담을 신청할 내용으로 '독서지도, 학습태도, 학습능력, 교우관계, 학교생활'이 대부분이었다. 담임교사로서 가지고 있는 생각을 학부모에게 알려주어도 되지만, 교육서의 내용을 인용하여 학부모에게 내 생각을 알려주었을 때 학부모들이 내 말에 수긍하는 경우가 많았다. 예를 들어, 가정에서 독서지도를 어떻게 해야 할지 소리 내어 읽기 지도를 해보고 싶은데 방법을 물어보는 어머니가 있었다. 마침 교탁에서 읽고 있었던《초등 하루 10분 독서 독립》78쪽에서 '아이가 집에서 소리 내어 책 읽는 방법' 내용을 찾아 알려주었다. 책에 귀를 접어 두어서 찾기 수월했다. "처음에는 부모님이 본보기로 읽어 주세요. 가족이나 반려동물에게 읽어 주게 하세요. 가족 또는 친구들과 돌아가며 읽게 하세요. 읽고 싶은 부분만 골라 읽게 하세요. 큰 소리로 읽게 하세요. 천천히 정확하게 또박또박 읽게 하세요. 아이 수준에 맞는 책을 권해 줍니다. 정해진 시간과 장소에서 읽게 하세요. 자기가 좋아하는 책을 읽게 하세요."

독서법은 사람 수만큼 많다. 내가 책을 고를 때 제목과 목차를 읽어 본 후 구입한다. 목차에서 내가 우선 읽어 볼 부분을 펼친다. 하루 10분 동안 한두 꼭지 읽고 밑줄을 친다. 시간이 허락된다면 밑줄 친 문장이 들어있는 페이지 여백 공간에 내 생각 한두 마디 쓴다. 책에 애착이 더 생긴다. 이렇듯 나는 주로 발췌독을 한다. 목차 안에서 읽을 순서를 정해 두기도 한다.

완독하고 싶은 책이 있을 경우, 10분 동안 읽을 분량을 미리 귀접기를 해둔다. 며칠 동안 한 권의 책에 집중한다. 몇 페이지씩 계획하느냐에 따라 한 달 이상 걸릴 수도 있다. 책 안 읽고 삶에 허덕이며 살았던 시기를 생각하면 분량보다는 책 읽는 시간에 의미를 둔다. 책 읽는 습관이 형성되면 더 길어지겠지만, 책 읽는 10분은 나만을 위한 시간이다.

책을 구입하여 읽는 편이다. 특히 원격 직무연수를 들을 때 강사의 저서를 같이 살 수 있다. 저서는 '상시 연수'처럼 내 옆에 있기 때문에 내가 필요한 상황에 따라 즉시 책을 읽을 수 있고 교실 현장에서 활용하기 좋다. 예를 들면 《초등미술수업52》, 《그림책 한 권의 힘》, 《하루 한 장 초등교과서 글쓰기》, 《초등 자율의 힘》

은 내 손 가까이 있다. 《메신저가 온다》 박현근 작가는 저자 특강에서 '책값 아껴서 부자 된 사람 본 적 없다. 배우는 데 돈 아끼지 마라.'고 강조했다. 책을 자신만의 노트처럼 사용하고 있었고 강의 중 실제로 메모한 책을 화면에 보여 주었다.

코로나19로 인하여 2020년 한 해 동안 교육현장에서 학년부장으로 일한 나는 원격수업에 대한 질적 불만 때문에 교감선생님과 함께 학부모 민원처리에 애를 먹었다. 5학년의 원격수업을 위해 이학습터 제공 콘텐츠를 사용했다. 학교 선생님들의 목소리가 나오게 제작하란 학부모의 말을 듣고 늦은 밤까지 수업 촬영을 했다. 서툰 솜씨로 40분 음악수업을 위해 영상 찍고 편집하니 9시간이 걸렸다. 학생 한 명당 수학 교과 등 피드백을 해주고자 영상통화도 마다하지 않았고, 줌으로 불러 일대일 맞춤 수업도 해보았다. 노력은 하는데 지속적인 민원에 지쳐갔다. 도교육청에 익명으로 민원을 넣어서 우리 학년에 장학사가 실사도 왔었다. 일부 엄마들이 요구사항이 과하다고 생각했다. 무제한 요금을 쓰고 있는 내가 우리 반 학생들에게 문자 메시지를 많이 보내어 통신사에서 요금 부과하겠단 경고(?)를 받을 만큼 아이들과 일대일 소통에 애를 썼다.

겨울방학 때 읽은 《코로나로 아이들이 잃은 것들》을 보면서 불만을 학교에 전달한 학부모와 코로나를 견뎌온 학생들의 마음을 이해할 수 있었다. 일상 유지 자체에 어려움을 겪기도 했고, 학업 뿐 아니라 교우관계에서도 마스크 얼굴로 대면을 하다 보니 서먹함이 지속되었다. 학창시절 아이들에게 훅 날아간 일 년이었다. 이러한 아이들을 지켜본 부모의 마음이 오죽할까. 어쩌면 학교에라도 하소연해야 부모의 마음이 조금이라도 가벼워지지 않았을까. 책을 읽으며 나의 고집스러웠던 생각을 바꿀 수 있다는 점에 감사하다.

《수업방해》는 제목에 끌려 읽었다. 나는 잘하고 있는데 아이들이 문제였다고 여겼던 자만을 한 방에 없애 주었다. 아이로 인해 수업 방해되는 일도 있지만, 교사의 수업 방해도 있다는 점. 제한된 시간에 학습목표를 이루려면 배움이 일어나도록 피드백해야 한다. 그러나 일부 아이들을 훈계하면서 전체 아이들에게 수업 방해를 하고 있다는 것을 책을 통해 알게 되었다. 말 대신 어깨를 톡톡 치는 비언어적 표현으로 집중 안내를 할 수 있다.

매일 책을 읽고 교사인 내 마음을 리셋한다. 나를 되돌아보고, 나를 일으킨다. 책 읽기 덕분에 조금 더 나은 모습으로 아이들 앞에 설 수 있다. 함께 읽자.

8

독서교육 멈춰서는 안 된다
(나로 인하여 아이가 책을 읽기 시작한다면)

"교사가 책을 읽으면 독서 수업도 성장한다."

《교사가 성장하면 수업도 성장한다》를 좋아한다. 독서교육 컨설팅 강의할 때 '독서'를 넣어 외쳐 보았다. 독서교육에 힘 빠지지 말라고 나에게 하는 말이다. '독서교육'에서 '교육' 빠지는 날까지 독서교육 지원을 하고 싶다.

8월 23일, '김해수업혁신 네트워크 지원단 역량 강화' 연수를 들었다. 강사 유영식 선생님은 수업 잘하는 교사의 조건에 대해 알려주었다. 가정의 사정상 아이들에게 가르침을 줄 수 있는 사람이 교사밖에 없는 학생도 있다. 교사가 유일한 배움의 기회인 아이를 위해서 유영식 선생님은 수업 루틴을 만들고, 많은 연구도 했다고 한다.

"교사인 내가 유일한 배움의 기회인 아이."

가르침을 줄 수 있는 사람. 책을 소개하고 권하고 함께 읽는 사람이 내가 유일한 사람이라면 지금 바로 책에 대한 즐거운 경험을 주어야 되지 않을까.

독서교육에서 도서관 이용은 필수다. 학급문고보다는 자료의 양이 많다. 도서관은 책의 바다다. 그러나 우리 학교는 코로나19로 인해 반별 열람만 가능하기에 주 1회 도서관에 간다. 차선책으로 학급문고에 책을 채우고 있다. 다양한 그림책과 동화책을 갖다 두고 소개한다. 아이들에게 책이 재미있다는 것을 느끼도록 돕는다.

일주일 만에 도서관에 데리고 가지만, 27명의 아이들이 바로 책을 읽지는 않는다. 읽을 게 없다며 서가를 뱅글뱅글 도는 학생이 다섯 명쯤 된다. 한 권 대충 훑고는 일어나서 책 고르는 척하고, 서가에서 술래잡기하는 녀석도 있다. 사서 선생님은 자유롭게 놀게 놔두라고 한다. 1학기에는 자유를 허락했다.

2학기 들어 규칙을 다시 정했다. 3권을 골라서 자리에 앉는다. 20분 동안 3권을 읽는다. 반복해서 읽는다. 20분 후 새로운 책을 고른다. 20분은 고요했다. 아이들 스스로도 고요한 공간이 어색해하더니 곧 책을 보기 시작했다. 이렇게 나로 인해 우리 반 아이들은 도서관에서 책 읽는 경험 한 가지를 쌓는다.

읽을 게 없다고 서가를 도는 학생은 나의 도움으로 3권의 책을 고른다. '경남 독서한마당' 책을 모아둔 서가에서 책을 골라주기도 하고, '난 책 읽기가 좋아' 시리즈에서 책을 골라준다. 읽을 책이 없다는 아이에게 유일한 '북큐레이터'가 된다. 40분 수업 시간을 그냥 흘릴 수 없다. 한 문장이라도 아이들에게 남기를 바라는 나의 간절함이 전해져서 책을 통해 저자를 만나기를 깊이 원한다.

독서수업을 통해 책에 독자의 손이 닿도록 해야겠다는 책임감을 가져본다. 책을 추천하는 사람이 그동안 있었을지라도, 현재 담임인 나를 통해 책 읽기를 시작한다면 그보다 멋진 보람은 없다고 생각한다. 어느 책이 아이에게 '인생 책'이 될지 아무도 모른다. 내가 보여준 책으로 인하여 아이의 삶에 변화가 생긴다면 돈으로 환산할 수 없는 배움의 가치이자 보람의 기쁨이다. 그래서 '한 학기 한 권 읽기' 독서단원 수업에서는 슬로리딩을 하지만, 책 읽어주는 시간에는 많은 책을 소개하길 원하고 권한다.

선생님들이 묻는다. 주제에 맞게, 교과 수업 목표에 맞게 책 고르는 방법에 대해서 말이다. 당연한 대답이지만 책을 다양하게 읽어봐야 응용이 가능하다. 교사가 먼저 아동 도서를 읽어보면 어떨까? 이곳저곳 추천 도서목록을 신뢰하여 아이들에게 바로 전달하지 않았으면 좋겠다. 아동 책에 대해 읽은 권수가 누적되다 보면 관련 교과 연계 수업에 활용할 책이 자연스럽게 떠오른다. 독서 수업이나 교과서 재구성 수업이 수월하다.

   교사의 '독서 삶'은 아이들에게 전해진다. 교사의 아침 10분 독서나 책 읽어 주기가 독서 분위기를 바꾼다. 내가 읽은 구절을 칠판에 베껴 써줄 수도 있다. '아침 칠판 편지'다. 멍하게 앉아 있는 아이들에게 생각할 거리를 주는 아침시간이 되리라 본다.

   내가 산 그림책을 세 자매에게 선보인다. 그리고 책에 대한 반응을 기억한다. 세 자매에게 읽어 주었던 책을 출근 가방에 챙긴다. 다음 날 교실에서 책을 읽어 줄 생각에 설렌다. 10분이라도 빨리 교실에 가고 싶어진다. 출근하자마자 책부터 꺼낸다. 읽어 준다. 교실 속 27명의 독후 반응을 살핀다. 집의 아이들과 학교 아이들의 책에 대한 반응을 상호 비교한다.
   내가 읽어 준 그림책은 아이들에게 의미가 부여된 책이다. 독서를 강조하는 담임의 마음이 함께 전달되어서다. 아이들의 반응을 책에 메모한다. 책 구입 날짜, 내 이름과 함께.

   집에 가서 책을 사달라는 아이, 가정에서 갓 구입한 책을 가방에 넣어 등교하는 아이, 아침 시간에 책 샀다고 선생님에게 자랑

하는 아이, 책과 관련된 귀한 경험이다. 어린이 독자들이 책을 좋아하고 책을 평생 친구 삼도록 돕자. 도서관에서 아이가 재미있게 읽은 책, 선생님들이 추천한 책은 구입하자. 한 달에 한 권(많을수록 좋다) 구입하여 아이에게 애착 책이 되도록 하자. 지성이는 《달라서 좋아요》를 만난 후, 그림 그리기에서 캐릭터가 필요할 때마다 책의 동그라미, 세모를 활용한다. 절판된 책이어서 교실에 둘 때까지 망설였던 《달라서 좋아요》에 지성이가 반할지 전혀 몰랐다. 지난 주말에도 집에서 읽은 책이 《달라서 좋아요》다. 아이에게 동그라미와 세모의 다른 면이 서로 보완하는 친구 사이가 되듯 책 읽기 경험이 다른 경험과 상호 보완되어 아이의 내면을 단단하게 해줄 것이다.

퇴근 길, 인근 중학교를 지나가는데 2019년 5학년 제자와 마주쳤다.
"선생님! 저 카누선수 됐어요."
"수영이지? 마스크 해도 알아보겠다. 수영아, 잘됐다 열심히 해. 책도 잘 읽고 있지?"
기승전책이다.
교육지원청 지원 덕분에 이 아이들에게 《너무 많이 가르치는 선생님》을 한 권씩 사주었다. 나와 아이들이 번갈아 소리 내어 책을 읽었다. 책 속에 담임선생님은 병가를 내는 날에도 사전 녹화

된 영상으로 학생들을 가르쳤다. '너무 많이 가르치는 담임선생님'이었던 내가 아이들에게 오래 기억에 남을지도 모른다. 특히, 책도 한 권씩 손에 쥐어줬으니까 제자들의 기억력을 믿어본다.

오랜만에 2019년에 가르쳤던 5학년이 작성한 '선생님 사용 설명서!'를 찾아보았다. 나는 너무 많이 독서를 강조하는 선생님이었다. 2019년 자료이지만, 내가 교육관이 변하지 않고 오늘도 '책 읽어 주는 선생님'이어서 다행이다. 내가 책을 읽으면 우리 반 독서 수업도 성장한다. 오늘 함께 읽은 책 속 한 줄이 나와 아이들을 자라게 한다. 나로 인하여 아이들이 책을 읽기 시작했고, 나의 강의로 인하여 많은 학생들이 책을 더 가까이 할 수 있다면, '독서교육' 멈추어서는 안 된다.

학부모 만족도 조사지(담임교사)

소 속 : 김해부곡초등학교　　　　　　　　　　　　　　　　　　　　　　　　　성 명 : 백란현

평가문항	답변
● 선생님의 좋은 점	우리 아이들에게 항상 진심어린 관심과 또한 힘드실텐데도 최선을 다해서 필요한 부분을 찾아 채워주시는 정말 찾아보기 힘든 훌륭하신 선생님 이십니다.
● 선생님의 좋은 점	아침시간을 활용하여 책을 읽어주셔서 독서에 흥미를 가질 수 있게 해주십니다. 열정적으로 학생을 지도해주십니다.
● 선생님의 좋은 점	아이들에게 책을 사랑할 수 있도록 책을 읽어주시고 책에 관심을 가질 수 있도록 해주셔서 정말 좋습니다.
● 선생님께 바라는 점	선생님 항상 감사합니다! 선생님 덕분에 저희 마음까지도 다시 잡고 일어 설 수 있게 되었습니다! 몸 건강 잘 챙기시고 내년에도 선생님 반이 되었으면 좋겠습니다.
● 선생님께 바라는 점	앞으로도 다양한 책을 접할수 있는 시간을 가져주심 좋을듯 합니다.

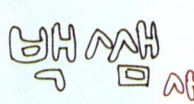
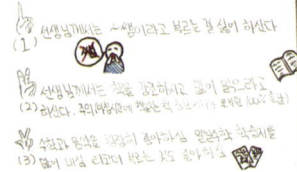

마치는 글

　엄마에게 혼난 후 그림책을 쌓아두고 보며 마음을 푸는 희수, 《나쁜 어린이표》 반장선거 부분을 외울 정도로 반복해서 읽는 희진, 흑백으로 된 병풍 책을 뚫어지게 바라보던 희윤. 세 자매를 키우면서 책을 우선적으로 구입했다. 딸들을 위해 샀던 책을 교실에 갖다 꽂는다. 아침 출근 가방이 무겁다.

　문만 잠그면 되는 학교도서관을 맡지 않았다면 현재 나는 어떤 모습으로 학생들 앞에서 가르치고 있을까. 주제 글쓰기를 할 때 선생님에게 선물하고 싶은 물건은 무엇인지 쓰고, 까닭도 쓰는 활동이 있었다. 대부분의 친구들은 책, 메모지, 볼펜, 커피를 적었다. 2년째 나의 반이었던 지훈이는 나에게 옷을 선물해 주고 싶다고 했다. 매일 비슷한 옷만 입고 다녀서라고 까닭도 분명히 기록했다. 솔직하게 표현하는 지훈이로 인해서 웃었다. 자존심만 가득했던 초임시절에 이 얘길 들었다면 훈계란 이름으로 꾸중했지 않았을까? 옷 사주겠다는 지훈이에게 고마움을 전했다. 그리고 책 지출이 많다는 사실과 선생님은 옷과 가방보다 책을 더 사랑한다는 것도 알려주었다. 책 사느라 때론 교복처럼 입고 출근해도 떳떳하다.

18년 차 교직생활 대부분을 독서교육 중심으로 학급을 운영했다. 세 자매의 엄마로 독서교육을 우선순위에 두고 아이들을 키우고 있다. 읽고 쓰는 삶을 알게 되어 아이들에게 가르치기 전에 나부터 읽고 쓰기 시작했다. 책을 읽은 독자들이 적어도 세 가지는 가져가면 좋겠다. 책을 읽자. 삶을 기록하자. 아이들과 함께 읽고 쓰는 삶을 누리자.

첫째, 책을 읽자.
나는 바쁘다. 바쁘다고 투덜거렸다. 일을 하나씩 해결하면 그만큼 시간이 남아야 하는데 계속 바쁘다. 오랜 이웃 홍홍이 님이 2년째 블로그에 나를 위한 시간을 매일 기록하는 걸 읽었다. 바쁜 시간 속에 나를 위한 시간을 가지고자 했다. 책 읽기다. 처음에는 세 자매 책을 나부터 읽을 목적으로 책을 읽었다. 어린이 책도 배울 점이 있지만 육아서, 교육서, 자기계발 등 지식과 지혜를 얻는 책을 읽었다. 10분 틈새 독서였지만 매일 나를 위한 독서 날짜에 동그라미 치면서 해보았다. 습관이 되기 전엔 보이는 표에 표시해야 놓치지 않는다. 우선 순위의 삶 '아이비 리 6가지 법칙'에서도 독서하기를 1번으로 생각하며 매일 메모했다. 동그라미 표시와 메모 덕분에 매일 책을 읽을 수 있었다. 10분의 시간을 내 것으로 만들어 책 읽기를 권한다. 《강아지똥》 수업을 할 때 어느 남학생이, '엄마는 공부 못했으면서 나한테 공부 잘하라고 한다'며 글을 써놓았다. 내가 책을 읽어야 아이들에게도 책을 권하기 수월하다. 아이들을 위해서만 책을 구입하지 말고 나를 위해서도 책을 구입하자. 아이 책도 내 책으로. 내가 먼저 독자가 되면 아이가 책을 읽던 읽지 않던 관계없이 책이 역할을 다했기 때문에 책값 아까운 마음도 줄어든다.

둘째, 삶을 기록하자.

1년 전, 매일 글 쓰는 白作이 되겠다고 결심했다. 어제 일도 기억나지 않는 마흔 둘, 직장맘, 아이 셋을 키우는 내가 1년 전 일을 어떻게 기억하고 있을까? 블로그 덕분이다. '지난 오늘 글'에서 2020년 10월 25일에 기록한 글을 다시 만났다. 독서 육아 기록을 위해 희수에게 읽어준 책을 번호 매겨 한 권씩 적기 위해 시작한 블로그였다. 지금은 나의 삶을 기록하는 도구로, 집필의 글감 창고로 사용하고 있다.

블로그 기록 덕분에 도서관과 독서교육 관련 기억을 되찾을 수 있었다. 며칠 전 인근 중학교에서 사서교사로 근무하는 김문정 선생님이 문자를 보내왔다. 나와 7년간 근무했던 동료다.

"샘, 오랜만이에요 잘 지내시나요? 혹시나 옛날 도서관 야간 운영할 때 관련하여 사진이나 자료가 있으실까요? 혹시 있으면 폰으로 자료 좀 부탁드려도 될까요? 급하게 쓸데가 있어서요."

내 블로그에 들어가 '도서관 연장 운영' 검색어를 넣었다. 몇 건의 글을 찾았다. 밤에 도서관에 와서 책 보는 아이들 사진, 교직원이 브라우징 코너에서 책 이야기를 하는 모습, 학교도서관 시간 연장 운영 안내장.

"선생님! 표창 도전하세요. 선생님 말고는 받을 사람 없습니다. 2011년 사진 보냅니다."

"역시나 최곱니다. 고마워요 쌤! 엄청 힘이 됩니다."

오랜만에 연락이 닿은 사서 선생님에게도 블로그 덕분에 도움을 줄 수 있었다. 삶을 기록한다는 것은 나뿐만 아니라 소중한 사람들의 추억도 함께 기록한다. 오늘의 기록이 내일의 보물이다. 오늘 하루 무엇을 기록으로 남겨볼까. 기대하며 출근을 서두른다.

셋째, 아이들과 함께 읽고 쓰는 삶을 누리자.

나 먼저 읽고 쓰는 삶을 아이들에게 자연스럽게 보여준다. 가정과 교실, 내가 책임져야 하는 아이들에게 한 가지 주고 싶은 선물은 '읽고 쓰는 삶'이기 때문이다. 2학기 들어 '글콩 키우기'란 이름으로 2학년 아이들과 주제 글쓰기를 한다. 독서만 강조하다가 2020년부터 글쓰기도 학급운영에 추가했다. 비슷한 시기에 나 또한 일상을 끼적이는 일이 늘었다.

지난 토요일 '세상에서 제일 쉬운 하루 한 장 글쓰기 수업' 연수를 통해 타이머를 활용하란 팁을 얻었다.

"8시 45분부터 50분까지 5분 글쓰기 해볼까요? 작년에 형아 언니들은 5분 글 쓸 때 집중을 힘들어 하더라고. 우리 2학년이 집중 잘한다고 자랑 좀 하게 도전해 볼까요?

TV화면에 주제를 띄웠다. '친구가 나를 좋아하게 만드는 방법'이다. 이틀째 타이머를 활용했다. 어제보다 오늘 5분이 더 고요하다. 지각생도 줄었다. 나도 5분 동안 글을 썼다.

큰딸 희수는 작가가 꿈이다. 어느 날 "엄마, 직장을 가지면서 작가 일을 더 하는 게 낫지?"

"엄마는 희수가 전업으로 작가를 하면 좋겠어. 엄마도 학교 일 하고 집에 오니 쓸 시간이 많이 없더라고."

둘째 딸 희진이는 블로그를 개설했다. '안경소동'이란 제목의 글을 연재 중이다. 내가 유일한 독자이지만 희진이는 이야기 쓰는 게 재미있다고 한다. "엄마, 학교에서 진로검사 했는데 추천 직업에 작가가 있었어."

아이들 꿈이 어떻게 바뀔지는 아무도 모른다. 내가 희수, 희진

마치는 글

이에게 작가가 되라고 강조한 적은 없는데, '글쓰기' 선물을 줄 수 있어서 고마울 따름이다. 16년째 독서 육아를 해왔으니 함께 쓰는 육아도 시작하련다. 이 책을 읽는 독자들도 아이들과 함께 읽고 쓰는 삶을 누리길 권해드린다.

스물여섯, 학교도서관을 만났다. 마흔 둘, 지금 모든 것이 달라졌다. '세 자매맘 백쌤'에서 '백란현 작가'가 되었다.

학년별 추천 도서 목록

	책 제목	지은이	출판사	추천
1	도서관 고양이	최지혜	한울림어린이	1,2학년
2	곧 수영 대회가 열릴 거야!	니콜라스 앨런	위즈덤하우스	1,2학년
3	그랬구나	김금향	키즈엠	1,2학년
4	비 오니까 참 좋다	오나리 유코	나는별	1,2학년
5	나는 나의 주인	채인선	토토북	1,2학년
6	넬슨 선생님이 사라졌다! 넬슨 선생님이 돌아왔다!	해리 앨러드	천개의 바람	1,2학년
7	세상에서 가장 행복한 전쟁	데이비드 맥키	베틀북	1,2학년
8	판다 목욕탕	투페라 투페라	노란우산	1,2학년
9	똑똑해지는 약	마크 서머셋	북극곰	1,2학년
10	무릎 딱지	샤를로트 문드리크	한울림어린이	1,2학년
11	왜 띄어 써야 돼?	박규빈	길벗어린이	1,2학년
12	할머니의 용궁 여행	권민조	천개의바람	1,2학년
13	공룡 엑스레이	경혜원	한림출판사	1,2학년
14	감기 걸린 물고기	박정섭	사계절	1,2학년
15	간질 간질	서현	사계절	1,2학년
16	화가 호로록 풀리는 책	신혜영	위즈덤하우스	1,2학년
17	우리는 학교에 가요	황동진	낮은산	1,2학년
18	여름잠 자는 다람이	이지은	프로방스	1,2학년

19	꿍이와 버미	서수영	프로방스	1,2학년
20	달 샤베트	백희나	책읽는곰	1,2학년
21	100층짜리 집 시리즈	이와이 도시오	북뱅크	1,2학년
22	강아지 똥	권정생	길벗어린이	2,3학년
23	나는 강물처럼 말해요	조던 스콧	책읽는곰	2,3학년
24	인사	김성미	책읽는곰	2,3학년
25	도서관의 비밀	통지아	그린북	2,3학년
26	갑자기 악어 아빠	소연	비룡소	2,3학년
27	두 배로 카메라	성현정	비룡소	2,3학년
28	종이 봉지 공주	로버트 먼치	비룡소	2,3학년
29	고양이 해결사 깜냥 1~4	홍민정	창비	2,3학년
30	만복이네 떡집 시리즈 1~5	김리리	비룡소	2,3학년
31	변신 돼지	박주혜	비룡소	2,3학년
32	선생님은 몬스터	피터 브라운	사계절	2,3학년
33	말들이 사는 나라	윤여림	위즈덤하우스	2,3학년
34	거북아, 뭐 하니?	최덕규	푸른숲주니어	2,3학년
35	낱말 공장 나라	아녜스 드 레스트라드	세용출판	3,4학년
36	슈퍼 거북 / 슈퍼 토끼	유설화	책읽는곰	3,4학년
37	파랑 오리 / 초록 거북	릴리아	킨더랜드	3,4학년
38	미움	조원희	만만한책방	3,4학년
39	검피 아저씨의 코뿔소	존 버닝햄	시공주니어	3,4학년

40	엄마의 선물	김윤정	윤에디션	3,4학년
41	걱정 세탁소	홍민정	좋은책어린이	3,4학년
42	나는 사자	경혜원	비룡소	3,4학년
43	새싹 인물전-박완서	유은실	비룡소	3,4학년
44	어른들 안에는 아이가 산대	헨리 블랙쇼	길벗스쿨	3,4학년
45	아모스와 보리스	윌리엄 스타이그	비룡소	3,4학년
46	도서관 생쥐 시리즈 1~5	다니엘 커크	푸른날개	3,4학년
47	나의 다정한 돼지 엄마	크리스틴 나우만 빌맹	그레이트BOOKS	3,4학년
48	마음먹기	엄지짱꽁냥소	달그림	3,4학년
49	말의 형태	오나리 유코	봄봄	3,4학년
50	거짓말 같은 이야기	강경수	시공주니어	3,4학년
51	짜증방	소중애	거북이북스	3,4학년
52	위를 봐요!	정진호	현암주니어	3,4학년
53	풍선 세 개	김양미	시공주니어	3,4학년
54	내 탓이 아니야	레이프 크리스티안손	고래이야기	4,5학년
55	행복한 청소부	모니카 페트	풀빛	4,5학년
56	야쿠바와 사자 1,2	티에리 드되	길벗어린이	4,5학년
57	오, 미자!	박숲	노란상상	4,5학년
58	악플 전쟁	이규희	별숲	4,5학년
59	나, 화가가 되고 싶어!	윤여림	웅진주니어	4,5학년
60	일수의 탄생	유은실	비룡소	4,5학년

61	내가 김소연진아일 동안	황선미	위즈덤하우스	4,5학년
62	세금 내는 아이들	옥효진	한국경제신문사	4,5학년
63	몬스터 차일드	이재문	사계절	5,6학년
64	달러구트 꿈백화점1,2	이미예	팩토리나인	5,6학년
65	너는 나의 달콤한 ㅁㅁ	이민혜	문학동네	5,6학년
66	차대기를 찾습니다	이금이	사계절	5,6학년
67	독립군이 된 류타	유행두	키다리	5,6학년
68	초정리 편지	배유안	창비	5,6학년
69	불량한 자전거 여행 1,2	김남중	창비	5,6학년
70	이모의 꿈꾸는 집	정옥	문학과지성사	5,6학년
71	순례주택	유은실	비룡소	5,6학년
72	긴긴밤	루리	문학동네	5,6학년
73	푸른 사자 와니니 1~3	이현	창비	5,6학년
74	마당을 나온 암탉	황선미	사계절	5,6학년
75	몽실 언니	권정생	창비	5,6학년
76	우리가 글을 몰랐지 인생을 몰랐나	권정자 외	남해의봄날	학부모, 교사
77	삶의 모든 색	리사 아이사토	길벗어린이	학부모, 교사
78	엄마를 위한 미라클 모닝	최정윤	빌리버튼	학부모, 교사
79	고맙습니다, 내 인생	김규인	모모북스	학부모, 교사
80	일상과 문장 사이	이은대	바이북스	학부모, 교사
81	독서 불패 1	김정진	자유로	학부모, 교사

82	안상헌의 생산적 책 읽기	안상헌	북포스	학부모, 교사
83	평범한 일상은 어떻게 글이 되는가	김진수	밥북	학부모, 교사
84	나를 지키며 사는 법	김종원	그린하우스	학부모, 교사
85	일독	이지성	차이정원	학부모, 교사
86	엄마의 빈틈이 아이를 키운다	하지현	푸른숲	학부모, 교사
87	독서는 어떻게 삶의 무기가 되는가	허필선	프로방스	학부모, 교사
88	지금 힘든 당신, 책을 만나자!	황상열	바이북스	학부모, 교사
89	당신에겐 당신만의 타이머가 있다	김명심	더로드	학부모, 교사
90	미라클 루틴	염혜진	더블:엔	학부모, 교사
91	읽기와 쓰기를 다 잘하고 싶은 사람이라면 지금 당장 베껴쓰기	송숙희	팜파스	학부모, 교사
92	10대, 교과서 대신 1000권의 책을 읽어라	안병조	프로방스	학부모, 교사
93	아이의 공부습관을 키워주는 정리의 힘	윤선현	예담Friend	학부모, 교사
94	내 인생 5년 후	하우석	다온북스	학부모, 교사
95	굿라이프	최인철	21세기북스	학부모, 교사
96	상처조차 아름다운 당신에게	정여울	은행나무	학부모, 교사
97	다시, 초등 고전 읽기 혁명	송재환	글담출판	학부모, 교사
98	레스큐	김강윤	리더북스	학부모, 교사
99	초등 독서노트의 힘	이은정	미디어숲	학부모, 교사
100	그림책으로 배우는 삶과 죽음	임경희	학교도서관저널	학부모, 교사

조금 다른 인생을 위한 프로젝트

초판인쇄 2022년 3월 8일
초판발행 2022년 3월 15일

지은이　백란현
발행인　조현수
펴낸곳　도서출판 더로드
기획　　조용재
마케팅　최관호 강상희
편집　　권　표
디자인　호기심고양이

주소　　경기도 고양시 일산동구 백석2동 1301-2
　　　　　넥스빌오피스텔 704호
전화　　031-925-5366~7
팩스　　031-925-5368
이메일　provence70@naver.com
등록번호 제2015-000135호
등록　　2015년 06월 18일

정가 15,800원
ISBN 979-11-6338-240-9　03810

파본은 구입처나 본사에서 교환해드립니다.